스텝 백

STEP BACK

: Bringing the Art of Reflection into Your Busy Life

성공의 결정적 차이를 만드는 첫 번째 단계

STEP BACK
스텝 ＿＿ 백

조지프 L. 바다라코 지음 · 박진서 옮김

ORNADO
토네이도

찰나의 번득임으로
경천동지할 진리를 단번에 깨닫는 인간은 극히 드물다.
인간은 대부분 하나하나 조각을 맞춰나가며 진리를 찾는다.
마치 공을 들여야 하는 모자이크처럼.

- 《아나이스 닌의 일기》 중에서

조지프 바다라코 교수는 '스텝 백'이라는 단순한 개념을 바탕으로 복잡하고 모호한 성찰의 과정을 놀랍도록 유연하게 풀어낸다. 또한 그가 직접 인터뷰한 100여 명의 하버드 경영대학원 출신 관리자와 CEO들은 매우 개인적이면서도 보편적인 성찰의 기술을 들려준다. 당신의 인생에 꼭 필요한 실질적인 방법을 만날 것이다.

— H. 로렌스 컬프 주니어H. Lawrence Culp Jr., 제너럴 일렉트릭GE 회장

'인생을 어떻게 설계할 것인가', '어떻게 성찰할 것인가'에 대한 명확한 개념과 방법을 얻고 싶다면 이 책을 펼쳐라. 어디에서도 듣지 못한 분명한 목소리를 들을 수 있다.

— 스티브 레이먼드Steve Reinemund, 펩시 전 CEO

중요한 결정을 내리고, 많은 사람을 이끄는 리더라면 지금 당장 읽어야 할 책! 최상의 결정을 내리기 위한 현실적이고 구체적인 내용들이 가득하다.

— 레이 메이버스Ray Mabus, 전 미 해군 장관

시대를 꿰뚫은 통찰력을 얻기 위해 한 걸음 물러서라고 말하는 이 책은, 이전에는 볼 수 없었던 새로운 길로 우리를 안내한다.

— 앤 퍼지Ann Fudge, 영 앤 루비캠 전 CEO

혼자 조용한 곳에 머물러야만 깊이 생각할 수 있는 게 아니다. 바쁜 일상생활 틈틈이 자신에게 가장 알맞은 방식으로 얼마든지 성찰할 수 있다. 이 책을 통해 우리는 개인으로서나 공동체로서나 더 깊고 넓어질 것이다.

— 루이스 담브로시오Louis D'Ambrosio, 어바이어 전 CEO

이 책은 우리에게 인간의 가장 소중한 능력을 되찾을 수 있는 특별한 로드맵을 제공한다. 사려 깊은 인터뷰와 광범위한 문헌 연구를 통해 저자는 우리 모두에게 평생 간직할 선물을 건넨다.

— 밥 히긴스Bob Higgins, 코즈웨이 미디어 파트너스 총괄 파트너

● 차례

Part 3　**멘탈 체계를 저단 기어로 바꾸다**
다운시프팅 접근법

PART 1

한 걸음 물러서면 더 분명하게 보인다

스텝 백

"하루를 어떻게 보내는가는
결국 우리가 인생을 어떻게 보내는가이다."

애니 딜러드Annie Dillard

대단히 성공한 모 벤처 캐피탈 기업의 설립자이자 CEO는 다른 회사에 투자할 때마다 그 회사의 대표에게 특별한 조언을 건넨다.

"내가 회사 사무실에 갔는데, 당신이 책상 위에 발을 올려놓고 창밖을 내다보고 있다면, 월급을 두 배로 올려드리겠습니다."

이 CEO는 우리 모두가 유념해야 할 두 가지 메시지를 보내고 있다. 첫 번째 메시지는 일과 삶에서 성찰이 매우 중요하다는 점이다. 점점 복잡해지고 가변화되는 세상에서 우리는 시간에 쫓기고 정보에 치인다. 그럴수록 우리는 직장과 일상생활에서 부딪치는 여러 상황과 문제, 결정에서 한 걸음 물러서서 깊이 생각해야 한다. 두 번째 메시지는 오늘날 세계는 성찰할 시간을 내주지 않고, 심지어 성찰할 능력마저 빼앗아 가고 있다는 사실이다.

성찰이란 무엇인가? 성찰에 대한 전형적인 이미지를 잠시 생각해보자. 로댕의 조각상 '생각하는 사람'이 떠오르거나 가만히 앉아 명상에 잠긴 승려가 생각날 수 있다. 또는 별이 빛나는 밤하늘을 바라보는 인물이나 고개를 숙이고 조용히 기도하는 여성이 생각날 수 있다. 이는 모두 홀로 조용히 사색하는 모습을 묘사한다. 그런데 이런 이미지가 업무와 회의, 중요한 결정과 막중한 책임의 소용돌이 속에서 바쁘게 살아가는 사람들과 도대체 어떤 관계가 있을까?

4년 전, 나는 이 질문에 대한 답을 찾아 나섰다. 나는 하버드 경영대학원에서 만난 100여 명을 비롯하여 수많은 사람들을 직접 인터뷰했다. 그들은 글로벌 기업의 선임 관리자부터 CEO까지 다양했으며 출신 국가도 15개나 되었다. 대부분은 비즈니스 현장에서 일했지만, 하버드 경영대학원 동료 교수, 세계적인 석학, 정치인, 종교계 지도자, 경찰서장, 프로 축구 감독도 있었다.

또한 나는 마르쿠스 아우렐리우스의 《명상록Meditations》과 이그나티우스 데 로욜라의 《영신 수련Spiritual Exercises》, 미셸 몽테뉴의 《수상록Essays》 같은 고전 문헌과 위대한 인물들의 일기와 기록을 심층 연구했다.

이를 통해 나는 책임감 있는 사람들이 바쁜 일상 중에서도 시간을 내어 성찰을 한다는 결론을 얻었다. 그들은 내가 '모자이크 성찰'이라 부르는 방법을 사용하고 있었다. 모자이크는 여러 빛깔의 작은 돌이나 유리를 조각조각 붙여서 무늬나 회화를 만드는 기법이다. 마찬가지로 모자이크 성찰이란 바쁜 일상생활에서 틈틈이 시간을 내어 다양한 방법으로 성찰하는 것을 말한다.

왜 그들은 빡빡한 삶에서 성찰을 위한 시간을 짜내는 것일까? 인터뷰를 통해 만난 한 고위 간부는 이에 대한 해답의 윤곽을 제시해줬다. 몇 주 동안 자신의 진로 문제로 고심해오던 그는, 한번 자신의 결정을 큰 맥락에서 생각해보기로 했다.

"인생은 파도타기와 같다. 우리는 파도를 타고 앞으로 나아간다. 그렇기에 많은 시간을 파도에 적응해 그 위에서 떨어지지 않으려 애를 쓰며 보낸다. 그런데 내가 올라탄 파도가 처음부터 올바른 물결이 아니었거나, 이제는 더 이상 올바른 물결이 아닐 수도 있다. 때론 물결이 바위에 부딪히는 경우도 있다. 성찰은 이러한 질문들에 대해 생각해보는 것이다."

이 말은 왜 사람들이 성찰의 시간을 갖고자 노력하는지 대한 두 가지 이유를 보여준다. 첫 번째는 현실적인 이유다. 성찰은 직장과 일상생활에서 더 나은 결정을 내리는 데에 쓰이는 매우 중요한 도구다. 성찰은 매일매일 마주하는 각각의 업무와 문제에 유용하다. 앞서 언급한 간부의 말처럼, 성찰은 우리가 "파도에 적응해 그 위에서 떨어지지 않도록" 도움을 준다. 어떤 관리자는 이렇게 말했다.

"사람들과 계속 미팅을 하느라 나는 항상 충분히 성찰하지 못했다고 느껴요."

두 번째 이유는 심오한 것이다. 성찰이란 어떻게 살아야 하는지, 무엇을 진정으로 신경 써야 하는지, 무엇이 좋은 삶을 위해 중요한지에 대한 끊임없는 질문과 씨름하는 것이다. 달리 말하면, '올바른 파도'에 올라탔느냐를 묻는 일이다. 이러한 성찰은 삶에 큰 변화를 일으킬 수 있다. 한 전직 CEO는 인터뷰에서 아쉬워하며 이렇게 말했다.

"30년 전에 누군가가 나에게 이렇게 물어봤다면 좋았을 텐데 싶다. '당신은 자신에게 진실합니까? 당신은 자신에게 성찰할 시간을 충분히 주고 있습니까?'"

성찰은 한 걸음 물러서서 자신이 경험하고 있는 것, 이해하려고 노력하고 있는 것, 또는 지금 하고 있는 것에 대해 무엇이 정말 중요한지를 파악하는 일이다. 이는 성찰이 현실적인 면과 심오한 면에서 특히 중요한 이유다. 당신이 회사를 운영하건, 팀을 이끌건, 부모님을 위해 건강관리 프로그램을 알아보건, 집안일을 하건, 아니면 심각한 문제로 어려움을 겪고 있건, 정말 중요한 것이 무엇인지 이해하는 일이 반드시 필요하다.

이 책을 통해 당신은 사람들이 어떻게 일상적인 문제, 직업, 가족 그리고 삶의 끊임없는 물음에 대해 성찰하였는지 살펴볼 수 있다. 또 어떠할 때 실패하고 성공했는지 알게 될 것이다. 이들의 이야기를 자신의 상황에 비춰 생각해볼 수도 있다. 스스로 이렇게 질문해보자.

❖ 나는 성찰할 때 어떠한 장애물에 부딪히는가?
❖ 내가 시도해야 할 성찰 방법은 무엇인가?
❖ 지금 나는 내가 잘할 수 있는 것을 하고 있는가?

이 질문들에 스스로 답하면서 우리는 일과 삶의 질을 향상시키는 실용적이고 일상적인 성찰의 방법을 개발할 수 있다. 이것이 마르쿠스 아우렐리우스가 《명상록》을 쓰면서 추구했던 목표다.

"완전한 의식과 명료함 속에서 살고, 우리의 순간순간에 모든 힘을 쏟고, 우리의 전 생애에 의미를 부여한다."[1]

모자이크 성찰의
네 가지 설계 원칙

성찰의 기술은 여느 기술과 마찬가지로 잘하기까지는 연습이 필요하고, 그 연습은 원칙을 따라 해야 한다. 이를 보통 '설계 원칙'이라고 한다. 예를 들어 그림을 그릴 경우 우리는 선, 균형, 대비 등을 선택해야 하는데, 설계 원칙은 이러한 선택에 도움을 준다. 하지만 설계 원칙이 무엇을 그려야 하는지 또는 어떤 색을 사용해야 하는지 알려주지는 않는다.[2] 설계 원칙은 '선택의 자유가 있는 원칙'[3]으로 세세한 길을 하나하나 안내해주는 것이 아니라 기본 방향을 제시한다.

성찰의 설계 원칙도 마찬가지 역할을 한다. 성찰의 네 가지 기본 원칙은 부족한 성찰 시간을 최대한 활용하도록 돕는다. 이 원칙들은 무엇이 좋은 성찰인지 분명하게 정의하지만, 무엇을 해야 하는지는 알려주지 않는다. 그것은 자신이 결정할 문제다. 성찰의 설계 원칙은 빈 칠판이며, 우리가 해야 할 일은 거기에 자신에게 맞는 성찰 방법과 구체적인 사항을 채워 넣는 것이다.

굿 이너프 정신

첫 번째 설계 원칙은 '적당히 괜찮은 것good enough을 목표로 하라'이다. 처음에는 이 원칙이 당황스러울 수도 있다. 우리는 '가치 있는 일이라면 제대로 하라'는 말을 자주 들어왔다. 그런데 이와는 반대로, 이 원칙은 자신의 기준을 낮추고 대충하라고 권하는 것 같다. 많은 일들이 비록 어떤 이상에 못 미칠지라도 시도하고 노력할 만한 가치가 있는데, 성찰이 바로 그런 일 중에 하나다. 특히 오늘날 우리가 성찰을 하고자 할 때 부딪히는 많은 장애물을 생각해보면 말이다.

이 설계 원칙은 '산을 오르는 일', 즉 기나긴 고독의 과정으로 여겨지는 성찰의 이미지를 버리라고 조언한다. 대신에 많은 경우 자신에게 꽤 효과가 좋은 성찰 접근법을 찾도록 격려한다. 자신의 필요를 충족시키고 자신의 상황에 맞는 접근법을 찾는다면, 이를 규칙적으로 실천하는 것은 어렵지 않다. 하지만 때때로 우리는 거의 또는 전혀 성찰하지 못한 하루를 보낼 것이다. 이것은 우리의 잘못이 아니다. 만약 그런 일이 생긴다면, 그냥 넘겨버리고 다시 일상적인 성찰로 돌아가면 된다.

한 걸음 물러나 성찰할 때 무엇을 해야 할까? 어떻게 해야 그 시간을 잘 보낼 수 있을까? 나머지 세 가지 설계 원칙은 여기에 대한 답을 제시한다. 각각의 원칙은 성찰에 대한 근본적인 접근법을 설명한다. 이 접근법들은 수천 년에 걸친 세월에도 그 빛을 잃지 않고 오늘날까지 건재하다.

때때로 다운시프팅하라

이 설계 원칙 중 우선은 때때로 다운시프팅downshifting하는 것, 즉 저단 기어로 바꾸는 것이다. 우리는 대부분의 시간을 집중된 상태로 분석적이고 실용적인 사고를 하며 보낸다. 우리의 목표는 결과물에 있다. 그렇기에 "여기서 뭐가 문제일까, 어떻게 해야 할까?"라고 묻고 또 묻는다. 이러한 상황에서 이 원칙은 때때로 멈추어 서서, 멘탈 체계를 저단 기어로 바꾸라고 말한다. 한 관리자의 표현대로 "잠시 정신을 자유롭게 풀어주고, 생산성에 대한 근심을 털어버리라"는 뜻이다.

다운시프팅은 다양한 형태로 활용할 수 있으며, 주변에서 무슨 일이 일어나는지, 그리고 자신이 진정으로 생각하고 느끼는 것이 무엇인지를 아주 명확하게 해준다. 다운시프팅의 목적은 경험의 깊이로, 회의를 하든, 친구와 이야기를 나누든, 아니면 자신을 괴롭히는 뭔가를 이해하려고 하든 어느 때나 중요하다.

조각가처럼 생각하라

다음 원칙은 '어려운 문제를 숙고하라'이다. 이는 직장에서 일어나는 문제를 비롯하여 삶 전반에 걸쳐 있는 어려운 문제를 해결해나가는 방법이다. 한 걸음 물러서서 문제나 상황을 다른 시각으로 바라보려고 의식적으로 노력해보라. 곰곰이 생각하다 보면 복잡한 문제를 충분히 이해하게 되고, 문제의 어떤 측면이 정말로 중요한지 알 수 있다.

숙고는 조각가가 나무토막을 조금씩 다듬어나가듯 마음속의 무언가를 찬찬히 들여다보는 것이다. 한 관리자는 숙고에 대해 간명하고 실용적인 정의를 내렸다. 그는 이렇게 말했다.

"자신만의 시각을 갖는 것도 중요하지만, 자신을 위해 여러 각도로 바라보는 법도 익혀야 한다."

숙고의 목적은 이해의 깊이며, 고전 문헌 연구와 하버드 경영 대학원 출신 관리자를 대상으로 한 인터뷰는 이를 위한 다양한 방법을 보여준다.

잠시 멈추고 평가하기

마지막 설계 원칙은 '잠시 멈추고 평가하기'이다. 이것은 무언가를 결정하고 행동할 때를 위한 성찰로, 영향력의 깊이에 초점을 맞춘다. 즉, 우리가 하고 있거나 하려고 계획하는 일에서 무엇이 정말로 중요한지를 묻는 일이다. 한 걸음 물러서서 자신이 선택한 사항을 돌아보자. 또 일과 삶에서 다른 사람이 당신에게 기대하는 기준과 당신이 스스로 생각하는 기준에 가장 적합한 것이 무엇인지를 자문해보자. 한 관리자는 이 질문을 이렇게 표현했다.

"나는 내가 해야 하고, 내가 원하는 변화를 만들어내고 있는 가?"

'스텝 백'하는 습관의 힘

모두 종합해보면, 이 네 가지 설계 원칙은 단 몇 분만 성찰하든 아니면 오랫동안 성찰하든, 성찰의 본질이 무엇인지를 보여준다. 성찰은 한 걸음 물러서서 우리가 경험하고, 생각하고, 하고 있는 것에서 정말로 중요한 것이 무엇인지를 파악하는 일이다. 그렇다면 우리는 언제 어떻게 성찰을 해야 할까? 성찰을 잘하려면 얼마나 많은 시간이 필요할까?

성찰에 대한 근본적인 접근법을 이해하고, 자신의 생활에 맞는 유연하고 효과적인 모자이크 성찰 습관을 기른다면, 이는 곧바로 효과를 볼 수 있다. 잠깐의 다운시프팅, 숙고 그리고 평가는 여러 방법으로 조합할 수 있다. 이 세 원칙은 서로 연결되어 별도의 설정 없이 작동하는 플러그 앤드 플레이plug and play 구성 요소로 성찰의 개인적인 패턴이나 습관을 만드는 데 사용할 수 있다.

성찰에 대한 이런 접근법은 현대인들의 바쁜 생활에 적합하다. 익숙한 사고방식 때문에 살짝 뒤로 물러나 오랫동안 성찰하기 어려운 사람들에게 특히 효과적이다. 모자이크 접근법은 삶과 일의 흐름을 바라보게 하고, 실제 들이닥친 문제에 대응할 수 있도록 돕는다. 한 CEO는 이를 "나는 가끔 '지금 당장' 성찰해야 할 때가 있다"라고 간결하게 말했다.

물론 모자이크 성찰은 취약성도 지니고 있다. 기회가 날 때마다 잠깐씩 성찰하는 것은 심각한 문제와 씨름하기에는 충분한 시간과 연속성을 주지 못한다. 순간적이며 분산된 모자이크 성찰은 전체적인 패턴 없이 흩어진 모자이크 타일만 남기는 수도 있다. 그렇기 때문에 때때로 좀 더 뒤로 물러설 필요가 있다. 며칠 또는 몇 주마다 한 번씩 더 오랜 시간을 마련해 자신의 정신 상태를 저단 기어로 바꾸고 숙고하거나 평가해보자. 더 폭넓고, 더 길고, 더 깊은 시각으로 무엇이 정말로 중요한지를 묻는 것이다. 앞서 이야기한 우리가 흔히 생각하는 성찰의 이미지들은 구식이 아니라 모자이크 성찰을 보완하고 강화한다.

우리는 각자 자신만의 파도를 타고 있다. 어떻게 그 위에서 떨어지지 않고 버티고 있을까? 그것은 올바른 파도인가? 우리는 어떻게 성찰의 순간을 일과 삶의 질을 향상시키는 데 이용할 수 있을까? 이러한 물음에 답하기 위해서, 우리는 자신의 일상생활에 끼워 넣을 수 있는 성찰 방법을 찾아야 한다. 점점 더 빠르게 돌아가는 세상에서 우리는 어떻게 이것을 잘 해낼 수 있을까?

"나는 내가 아는 것보다 더 많이 알고 있고,
그것을 나 자신에게 배워야 한다."

메릴린 로빈슨Marilynne Robinson

PART 2

완벽함은 당신의 적이다

굿 이너프 정신

"나는 빈둥거리며 내 영혼을 초대한다."

월트 휘트먼Walt Whitman

나를 당혹스럽게 한 인터뷰가 있다. 인터뷰한 사람은 성공한 선임 관리자로, 이름은 '올리버'라고 해두자. 그는 직장이나 일상생활에서 성찰이 얼마나 중요한지를 강조했다. 부하 직원들이 어려운 문제에 부딪혔을 때는 성찰의 시간이 필요하다고 조언도 한다. 그러나 내가 올리버에게 성찰하는 데 시간을 얼마나 쓰느냐고 물었을 때, 그는 괜찮은 날에는 5분 정도라고 말했다. 그러나 업무상 긴급한 문제를 처리해야 할 때는 성찰할 시간을 거의 갖지 못한다고 했다. 그러더니 몸을 앞으로 내밀고 나를 응시하며 지금이 바로 그런 때라고 말했다. "지금 엄청난 스트레스를 받고 있어요"라는 말도 덧붙였다.

올리버는 몇 달 동안 큰 프로젝트에 매달려 있었는데, 아무런 진전의 기미가 보이지 않았다. 이 프로젝트를 진행하면서 맡고 있던 다른 일도 밀리게 되었고, 심지어 일상적인 이메일도 제대로 처리하지 못하고 있었다. 올리버는 남아메리카에 있는 중견기업에서 CEO로 있으면서 주목할 만한 성과를 거둔 적이 있다. 그는 성찰의 효과를 믿었다. 그가 직면하고 있는 도전과 실제로 살아가고 있는 바쁜 삶을 고려할 때, 올리버는 자신에게 적합한 성찰 접근법이 필요했다. 이런 점에서 그는 내가 인터뷰한 대다수 사람과 다르지 않았다. 그들에게 필요한 것은 성찰에 대한 '적당히 괜찮은' 접근법이었다.

'적당히 괜찮은'이란 말은 언뜻 중요한 사항을 대하는 옳지 못한 생각이나 태도처럼 들릴 수 있다. '적당히 괜찮은' 외과 의사에게 수술을 받거나 '적당히 괜찮은' 상대와 결혼하기를 원하는 사람은 없다. 하지만 오늘날의 직장생활과 일상을 생각해보면, '적당히 괜찮은' 성찰은 진정한 성취라고 할 수 있다.[1] 이탈리아의 옛 격언에는 "완벽은 좋은 것의 적이다"라는 말이 있는데, "적당

히 괜찮은 것을 목표로 하라"는 말과 같은 지혜가 담겨 있다.[2]

이 말은 할 수 있는 일을 하라는 의미다. 매일 또는 매주 어떤 형태로든 성찰의 시간을 보내도록 노력하라. 때때로 더 잘할 수 있는 기회를 찾아라. 하지만 우리가 충분히 성찰하지 못하는 때가 온다는 점을 알아두어야 한다. 그것은 우리의 잘못이 아니라, 단순히 삶의 현실이다. 우리의 목표는 적어도 대부분의 경우, 꽤 효과가 좋은 접근법을 찾아 따르는 것이다.

민간 부문과 공공 부문에서 모두 훌륭한 경력을 지닌 한 관리자는 성찰에 대한 자신의 접근법을 다음과 같이 설명했다.

"좋은 하루가 될 수도 있고 나쁜 하루를 보낼 수도 있다. 때로는 시간을 다투는 문제도 있는데 그때마다 나는 장소가 마땅치 않더라도 단 몇 분이라도 성찰할 시간을 보내려고 노력한다. 나는 성찰이 숙련되어 '매일 이 시간에는 성찰이나 명상을 한다'라고 일정을 설정해두는 사람들과 다르다. 내 사고방식은 그들과 다르기 때문이다."

이것이 유연하고 융통성 있는, '적당히 괜찮은' 성찰 방식에 대한 설명이다. 이것은 자신이 할 수 있는 자기 관리의 모습을 보여준다.

어떻게 하면 자신만의 '적당히 괜찮은' 접근법을 개발할 수 있을까? 첫 번째 단계는 다음의 두 질문에 답하는 것으로 시작한다.

❖ 성찰하려고 할 때 나를 방해하는 것은 무엇인가?

❖ 시간이 별로 없을 경우, 언제 어떻게 그 장애물을 극복할 수 있을까?

오늘은 또 무엇이
당신을 가로막았는가

"혐의자들을 체포하라." 영화 〈카사블랑카〉에 나오는 유명한 대사다.[3] 오늘날 우리는 왜 좀 더 자주 성찰하지 못하는 것일까? 그 대표적인 이유로는 치열한 경쟁, 구조조정으로 경량화된 조직, 불안정한 직장, 기술 발달로 사라진 일과 여가의 경계 등을 꼽을 수 있다. 본질적으로, 우리 모두는 빠르게 움직이는 디지털 컨베이어 벨트 위에서 일하는 고용인으로 성찰할 시간은 고사하고 잠을 자거나 친구를 만날 시간도 부족하다. 게다가 시간이 나더라도 교묘하게 설계된 인터페이스에 매료되어 우리의 여유 시간을 강박적으로 마우스를 클릭하며 날려버린다.

이는 유감스럽지만 분명한 사실로, 우리의 일상생활이 확인해 준다. 그러나 이런 통념도 불완전하고 오해의 소지가 있다. 성찰할 시간을 마련하기는 어렵지만, 그 이유가 직장에서의 압박과 언제 어디서나 연결될 수 있는 네트워크 기술 때문만은 아니다. 사실 성찰의 장애물은 더 뿌리 깊으며, 이는 많은 사람이 직시해야 하는 사실이다.

이유를 알아보기 위해 잠시 시계를 뒤로 돌려보자. 19세기 초 대표적인 미국의 사상가이자 문학가인 헨리 데이비드 소로는 신기술, 즉 철도가 사람들이 일하고 살아가는 방식을 극적으로 가속화하고 왜곡하고 있다고 걱정했다. 소로는 "우리가 철도를 타고 다니는 것이 아니라, 철도가 우리를 타고 다닌다"[4]라고 이야기했다. 소로와 동시대를 산 독일의 철학자이자 수필가 아서 쇼펜하우어도 두려움을 느끼며 '비즈니스와 쾌락의 번잡함 속에 아무렇게나 사는 인생'에 대해 말했다.

"과거에 대한 성찰 없이 실패에 감긴 실을 뽑아 쓰듯 살아가는 것은 우리가 누구인지에 대한 명확한 개념 없이 살아가는 것과 같다."[5]

소로와 쇼펜하우어는 많은 옛 선현들처럼 세계 자본주의, 인터넷, 스마트폰 등이 나오기 이전에 이미 성찰을 가로막는 장애물들을 경험했다. 최근 한 연구는 탈진과 그 원인이 우리에게 끼친 영향을 추적해왔는데, 현대 기술과 직장이 우리가 더 자주 성찰하지 않는지에 대한 완전한 이유가 아니라는 사실을 밝히고 있다.[6] 그것들은 근본적인 원인이 아니라 탈진을 가속화하는 촉매 역할을 한다.

이 연구를 위해 인터뷰한 관리자들은 로마의 갤리선에서 노를 젓던 노예들이 아니었다. 그들은 스스로 자신의 일을 선택했고, 하루 일과를 잘 관리했다. 그들의 성찰을 방해하는 데에는 더 깊은 다른 요인이 있었다. 그것에 대해 알아가면서 어떤 요인이 우리에게 특히 어려운 문제인지 생각해볼 수 있다.

'책임감'이라는 짐

올리버는 자신이 성찰하지 못하는 데에 더 심오한 이유가 있다는 점을 분명하게 알고 있었다. 그는 간단명료하게 말했다.

"일, 일, 일. 그게 바로 나다. 나는 항상 일을 즐긴다. 일에는 목적의식이 있고, 나는 그것이 좋다. 사람은 누구나 기본적인 욕구가 충족되면 무엇인가를 성취하려는 욕망이 있다. 사람들은 자신이 중요하다고 생각하는 일을 하고, 그런 일이 계속될 때 진정으로 만족감을 느낀다."

내가 인터뷰한 관리자들은 어떠한 삶을 살고 싶고, 무엇을 성취하고 싶은지를 신중히 선택하는 사람들이었다. 이들은 하루하루 시간에 대한 극심한 압박감을 느꼈다. 그들의 일은 마치 투쟁 같았고, 그들은 힘들고 지쳐 있었다. 때때로 이러한 삶이 자신이 원했던 것인지 의심스러웠다.

그러나 이는 동전의 한 면에 불과했다. 동전의 다른 면에는 다른 사람들에 대한 책임과 의무가 있었다. 더 깊은 수준에서, 그들은 스스로에게 한 약속을 충실히 지키고 있었다. 그들은 스스로 만족할 만한 일과 삶의 기준을 가지고 있었다.

대부분의 경우, 사람들은 가정에서 또는 지역사회에서 또 다른 책임을 맡고 있었다. 그들은 시간 관리를 위해 우선순위를 정해야 했고, 그러다 보면 성찰하는 시간은 맨 마지막으로 밀리기 마런이었다. 한 관리자는 "집에서 직장으로, 또 자원봉사 단체로 계속해서 할 일을 하느라 정작 나에게 쓸 시간은 거의 없다"라고 말했다. 성찰하는 것을 기도하는 것으로 생각하는 또 다른 관리자는 유감스럽다는 듯 말했다.

"나는 하나님과 친밀한 관계를 맺을 시간이 없어요. 잠들기 전에 피곤한 상태로 다섯 문장 정도 내뱉곤 기도를 마쳐요. 이건 신실한 기도 생활이 아니에요. 더 잘해야 한다는 걸 알고 있지만 쉽지 않아요."

많은 관리자가 비슷한 이야기를 했다. 기업가들은 훨씬 더 어려운 책임을 떠맡고 있었다. 그들은 자신의 회사가 아직 불안정하고, 큰 고객의 결정 하나에 성패가 좌우되기도 하며, 신생 기업은 대부분 실패한다는 사실을 잘 알고 있다. 그들은 자신의 일에 전력을 다하며, 이는 자기 정체성의 중심이 되곤 한다. 한 기업가는 사업 초창기 시절의 어려움을 돌아보며 "삶의 기쁨은 투쟁 속에 있다"라고 말했다.

CEO들 역시 성찰할 시간이 충분하지 않다고 말했다. 수백, 수

천 명의 생계가 걸려 있다는 막중한 책임감 때문이다. 한 CEO는 이렇게 말했다.

"무슨 일을 하든 늘 다른 곳으로 끌려가는 느낌이었어요. 항상 누군가를 속이고 있는 것 같았죠. 직원들과 가족, 그리고 나 자신을 말이에요. 무엇에도 제대로 집중할 수가 없었어요."[7]

고위 임원들은 최저 임금으로 가족을 책임지는 한 부모 가장들보다 형편이 훨씬 낫다. 기사를 둔 고위 임원은 공항으로 가는 차 안에서 잠시 휴대전화를 내려놓고 선팅된 창문을 내다보며 자신의 일이나 집안 문제에 대해 생각해볼 수 있다. 이는 혼잡한 대중교통을 이용하고, 일주일 치 청구서를 붙잡고 걱정하는 사람들에게는 해당되지 않는 이야기다. 최근의 한 연구 결과는 가난이 특정 부분의 사고력을 약화시킨다는 사실을 보여준다.[8]

올리버는 다양한 종류의 어려움에 처해 있었다. 그는 성찰이 가치 있는 일이라고 믿었지만 하루에 5분 이상 성찰하는 것은 어려웠다. 그는 열심히 일하는 사람이었고, 어려운 임무와 새로운 도전을 마다하지 않았으며, 또 이를 잘 해내고자 최선을 다했다. 이러한 태도는 높이 평가할 만하지만, 그만큼 성찰을 위한 시간은 줄어들었다.

과중한 업무를 맡은 사람들에게 하는 대표적인 조언은 두 가지다. 우선순위를 정하라. 그리고 일을 줄여라. 이 조언들은 물론 고려할 가치가 있다. 하지만 사실 문제는 더 깊은 곳에 있다. 어떤 이들에게는 과중한 업무가 문제 되지 않는다는 점이다. 그들은 그렇게 살고 싶어 한다. "나는 위기를 향해 달린다. 그것이 즐겁기 때문이다"라는 한 관리자의 말처럼.

생산성 숭배

직장에서의 압박에 개인적으로 무거운 책임까지 더해진 상황이라면 할 수 있는 합리적인 대응은 더욱 생산적인 방법을 찾는 것이다. 이는 정말로 필요한 일이 무엇인지를 파악하고 가능한 한 효율적으로 그 일을 하는 것을 의미한다. 그러나 불행히도 이러한 합리적인 대응도 점차 생산성이라는 신앙을 만들고, 이를 맹목적으로 따르는 신봉자로 몰고 갈 위험이 있다. 생산성 신봉자들은 자신이 생산적으로 살지 않으면, 세상은 엉망이 되고, 그러면 스스로를 좋게 평가할 수 없다고 말한다. 이것은 여러 인터뷰에서 드러난 주제였다. 한 관리자는 이렇게 말했다.

"나는 빈둥거리고 있다는 느낌이 싫다. 생산적이지 않은 일을 한다는 느낌도 싫은데, 나 자신을 성찰하는 일은 생산적이지 않다는 기분이 든다."

또 한 관리자는 이렇게 말했다.

"뭔가를 하고 있지 않으면 하루를 허비하는 느낌이 든다."

'일이 사람을 만든다'는 말은 종종 농담으로도 쓰인다. 한 예로 십 대 청소년을 상담한 컨설턴트가 그의 개인적인 고민을 '2×2 매트릭스'에 도식화해서 답했다는 얘기가 있다. 또 헤지펀드 관리자가 자녀들에게 "그것은 '보너스 행동'이 아니야"라고 말해서 아내를 황당하게 만든 이야기도 있다.

프랑스에는 '왜곡된 직업관Déformation professionnelle'이라는 용어가 있다. 이 말은 직장에서의 성공 기준이 무엇이냐에 따라 우리가 생각하고 살아가는 것을 의미하는데, 마찬가지로 '일이 사람을 만든다'라는 말에 숨어 있는 위험을 지적한다.

한 선임 관리자는 과도한 업무를 맡았던 자리에서 물러난 후 자신의 심정에 대해 이렇게 말했다.

"나는 일종의 외상 후 스트레스 장애를 겪었어요. 이메일과 메시지는 내가 누군가에게 필요하다는 분명한 느낌을 주었고, 나는 거기에 중독되었죠."

올리버도 이렇게 말했다.

"나는 급하게 처리해야 할 일을 좋아하고, 그것을 해내는 것을 좋아한다."

생산성의 노예가 되면 진정한 여가를 빼앗긴다. 진정한 여가란 시간을 어떻게 보내든지 상관없으며, 아무런 성과도 보여줄 필요가 없는 것을 의미한다. 이탈리아에는 '돌체 파 니엔테Dolce far niente' 즉, '아무것도 하지 않는 즐거움' 혹은 '달콤한 게으름'이라는 속담이 있다. 이는 여가에 대한 철학을 분명하게 말해준다.

진정한 여가는 직업적인 습관이 모든 것을 좌우하고, 우리가 하는 거의 모든 일이 생산성에 의해 지배당할 때 사라진다. 한 관리자는 안타까워하며 말했다.

"가끔은 통제의 환상*이 내 삶의 기본 조건이라는 것이 두려울 때가 있어요."

이 문제는 젊은 세대에 더 심각할 수도 있다. 최근 한 연구는

---

* 통제의 환상(illusion of control)이란 하버드대학교 심리학자 앨런 랭어(Ellen Langer)가 지칭한 용어로, 객관적인 외부 환경을 자신의 뜻대로 만들어갈 수 있다고 믿는 개인의 심리적 상태를 말한다. 외부 환경을 자신이 통제할 수 있다고 믿는 일종의 착각이다.

많은 젊은이들이 자신이 '꿈꾸는 라이프스타일'[9]로 정신없이 바쁜 생활을 꼽았다고 밝혔다.

퇴근 후 그날 업무에 대해서는 잊어버리면 안 될까? 문제는 성공에 대한 정신적 습관이 일상적인 습관이 되었다는 점이다. 우리는 거의 자동적으로 그러한 습관을 따르고, 그렇지 못할 때는 마음이 편치 않다.

1950년대의 전형적인 조직인organization man*들은 마티니 두어 잔으로 저녁을 시작함으로써 이 문제에 대처했다. 하지만 그들에게는 노트북이나 스마트폰을 꺼내어 업무를 계속할 수 있는 선택권이 없었다. 한 관리자는 이렇게 말했다.

"언제 어디에서 일하든지 머릿속 스위치를 켜서 성찰 모드로 들어갈 수 있다고 말하는 사람들도 있겠지만, 나는 그건 사실이 아니라고 생각한다. 그런 스위치는 없다. 나는 보통 집에 가서 쉬는 것도 반기지 않는데, 늘 바쁘게 일을 해야 한다고 생각하기 때문이다. 퇴근한 사람들은 여전히 다음 일을 기다리고 있다."

---

* 조직의 목표와 발전을 위해 조직을 위주로 의사결정을 하는 관리자의 유형을 말한다.

과거가 불편한 사람들

인상주의를 대표하는 프랑스 화가 에드가 드가는 "공황과 구별하기 어려운 성공도 있다"[10]라고 말했다. 이 말은 쉬지 않고 일하는 것이 강력한 기분전환이나 마취제 역할을 할 수 있다는 뜻이다. 잠시 멈추어 성찰하는 것이 불편할 때 우리는 이 약물을 스스로 복용하는 것이다. 한 관리자는 이렇게 말했다.

"나는 과거를 돌아보는 것을 좋아하지 않는다. 불우한 어린 시절 때문에 과거를 떠올리는 것이 불편하다. 그러다 보니 나는 항상 앞을 내다보는 목표 지향적인 사람이었다. 내가 극복해야 할 다음 장애물은 무엇이고, 내가 해야 할 다음 단계가 무엇인가를 생각하면 일, 일, 일뿐이었다."

이 인터뷰는 성찰을 방해하는 장애물이 여러 형태로 나타난다는 것을 보여준다. 일은 때때로 어려운 일상 문제를 회피하는 방법이기도 하다. 한 관리자는 이 문제를 자주 겪었다고 한다.

"나는 성찰이 힘들 뿐 아니라 목표 지향적인 사람들을 불안하게 한다고 생각한다. 미팅에서 주제가 어려워지면 사람들이 반 사적으로 스마트폰에 손을 뻗어서 일정을 확인하거나 뭔가 다른 짓을 하는 걸 자주 본다. 그것이 긴장을 풀어주기 때문이다. 그들은 골칫거리는 피하려 한다."

때때로 이 불안은 앞날을 생각하며 미래를 고민하는 데서 비롯된다. 한 CEO는 성찰이 야기하는 불편함에 동의했는데, 성찰은 장기적이고, 위험하며, 불확실한 선택에 대해 곰곰이 생각하게 만들기 때문이다. 다음의 인터뷰는 한 유능한 개인이 직장에서의 성찰에 대해 이야기하면서 감정이 어떻게 '불안'에서 '공포'로 변하는지를 보여준다.

"장소와 시간을 정해서 정기적으로 성찰할 시간을 마련하거나, 비서에게 여유를 두고 스케줄을 잡으라고 하기에는 때때로 불안하고 두려울 수 있다. 왜냐하면 그 시간은 노트패드를 켜고 다음 일을 계획해야 할 때이기도 하고, 또 이메일을 확인하는 것이 나에겐 훨씬 쉽기 때문이다. 정신없이 바쁜 것은 때때로 스스로 그렇게 선택했기 때문이다."

또 다른 관리자들은 성찰이 상처받기 쉬운 감정을 드러내게 할 위험이 있다고 말하면서 때로는 성찰하는 것이 싫어서 잠을 청하는 경우도 있다고 했다. 한 컨설턴트는 이렇게 말했다.

"자아상self-image은 무너지기 쉽다. 따라서 대부분의 사람들은 현실을 회피한다. 나를 포함해 우리는 모두 냉정한 현실을 마주하기보다는 자기 자신에 대한 각색된 이미지를 지키고 싶어 한다."

또 한 관리자는 "성찰의 고통과 두려움은 지난 잘못에 대한 고통과 두려움에서 비롯된다"라고 말하면서 최근에 일어난 일들을 돌아보는 것에 대해 불안함을 토로했다.

몽키 마인드

성찰이 어려운 가장 근본적인 원인은 우리 마음의 영구적인 특징 때문인지도 모른다. 우리 마음은 쉼 없이 움직인다. 우리 생각은 끊임없이 갈팡질팡한다. 오랫동안 명료하게 마음을 통제하는 동안은 예외겠지만 그런 경우는 좀처럼 없다. 그 결과 시간이 충분하더라도 로댕의 '생각하는 사람'처럼 앉아 곰곰이 오랫동안 성찰하기란 매우 어려운 일이다.

한 CEO와 인터뷰를 할 때다. 그는 자기 생각을 말하면서 성찰을 하고 있었다. 그가 말한 내용 중 일부를 그대로 옮기면 다음과 같다.

"나는 지난 5년 동안 나와 동료들이 회사에서 배운 것들에 대한 프레젠테이션을 열심히 준비해왔다. 이는 꽤 중요한 프레젠테이션이었다. 그런데 아버지가 지난 주말 사이 몇 차례 발작 증세를 보이시더니 며칠 전 뇌졸중으로 돌아가셨다. 어렸을 때부터 아버지와 함께 잡은 물고기와 거위를 하나도 빠짐없이 떠올린 것 같다."

그의 생각과 감정이 돌연 프레젠테이션에서 아버지에게로 옮겨간 점에 주목해보자. 주제와 시간을 넘어서는 돌발적이고 연결되지 않은 변화는 우리의 인터뷰에서도 중요한 주제가 되었다.

우리 마음이 얼마나 불안정한지는 간단한 실험으로도 알 수 있다. 책을 덮고 1,2분 동안 마음속에 무엇이 일어나는지를 지켜보라. 아니면 1분 더 시간을 내서 자신의 호흡이나 특정 물체에 정신을 집중해보라. 곧 성찰을 방해하는 뿌리 깊은 장애물을 경험할 것이다. 초기 불교도들은 이를 우리가 생각에서 생각으로 끊임없이 옮겨가는 '몽키 마인드monkey mind'를 지니고 있다는 말로 설명했다.

우리의 관심을 통제하고 마음을 집중시키는 것이 왜 그토록 어려울까? 근본적인 답은 진화적 디자인일 것이다. 선행인류는 예민하게 경계하는 부류들이 살아남았을 가능성이 더 높았다. 그들은 야영지에 몰래 접근하는 호랑이를 알아채거나 새끼들 몸을 기어 다니는 치명적인 곤충을 재빨리 찾아낸다. 또한 식물이나 사체에 있는 독성물질을 잘 발견한다. 결국 경계심을 늦추지 않은 선행인류는 나태하고 경계가 허술한 동시대인들보다 오래 생존해 우리로 진화했다. 한마디로 몽키 마인드는 우리의 변덕스러운 주의력뿐만 아니라 그것의 진화적 기원까지 설명한다.

성찰을 방해하는 장애물은 그 뿌리가 깊다. 하지만 거의 모든 관리자들이 정신없이 바쁜 삶 속에서도 최소한 얼마간 성찰의 시간을 보냈다. 때때로 그들은 스마트폰을 내려놓고 잠시 평화를 맛보기도 했다. 하지만 자신의 중요한 임무, 유용하고 생산적이어야 한다는 본능, 어려운 문제로 너무 고민하고 싶지 않은 인간적인 마음이 이를 막아섰다. 또한 진화의 결과로 그들의 뇌에는 잠시 멈춰 세울 오프 스위치가 없었다.

그렇다면 관리자들은 언제 어떻게 한 걸음 물러설 수 있었을까? 그들은 엄격한 규율과 일정, 또는 고독 속에서 빈번히 은둔하는 방법을 쓰지 않았다. 그들은 장애물을 직접 공략하지 않았다. 산더미처럼 쌓인 장애물을 폭파하고 터널을 뚫는 대신 틈새와 통로를 찾았다. 이것은 우리 자신의 모자이크 성찰을 개발하기 위해 필요한 접근법이다.

좋은 결정을 이끄는
적당히 괜찮은 방법들

내가 만난 사람들은 대부분 자신은 성찰을 많이 하지 않아 인터뷰에 적합한 사람인지 모르겠다고 말했다. 그러나 대화가 이어지면서 대부분의 사람들이 하루에 몇 번, 또는 일주일에 몇 번씩 빠지지 않고 성찰을 했다고 말했다. 게다가 나는 첫 번째 인터뷰가 끝나고 10일 후에 인터뷰에 참여했던 관리자들의 절반 이상과 두 번째 인터뷰를 했는데, 그들은 보통 그동안 잠시 시간을 내서 성찰한 장소와 시간이 달랐다고 얘기했다. "생각했던 것보다 자신이 더 많은 시간을 성찰하며 보내는 것 같다"라고 말한 사람도 여럿 있었다.

무엇 때문일까? 첫째, 그들이 처음에 자신은 별로 성찰하지 않는다고 말했을 때, 그것은 정기적으로 오랫동안 성찰하지 않는다는 뜻이었다. 다시 말해 그들은 성찰의 표준 모델을 따르고 있지 않았다. 둘째, 그들은 성찰할 때 다양한 접근법을 활용했는데, 그것이 자신만의 독특한 임시적인 성찰 방식이라고 생각했다.

그러나 실제로 그들은 유용하고 값진 방법으로 성찰하고 있었다. 때로는 하루나 일주일이 지나서야 겨우 자신이 직면한 성찰의 장애물을 헤쳐 나올 때도 있었다. 그들은 자석처럼 끌어당기는 스마트폰 중독에서 벗어나 생각의 소용돌이에서 빠져나오는 실용적인 방법을 개발했다. 그들은 막중한 임무와 책임감이 주는 부담감을 내려놓았고 생산성을 최적화하는 일을 멈췄다. 그리고 때때로는 불편한 주제들에 대해 생각해보기도 했다.

마치 그들은 타고난 성찰 본능을 갖고 있는 것 같았다. 아마도 때때로 잠시 멈추어 주변에서 일어나는 일을 돌아보고 살폈던 선행인류가 우리로 진화했을 것이다. 결론적으로 인터뷰는 성찰의 순간이 어떻게든 점차 우리의 바쁜 삶의 일부가 되고 있음을 보여준다.

이런 성찰의 순간을 찾으려면 자신을 관찰해야 한다. 인터뷰는 다음의 네 가지 지침을 살펴보면서 자신에게 두 가지 질문을 던져보라고 제안한다.

❖ 이 방법이 나에게 효과가 있을까?
❖ 나를 확장시키고 발전하도록 돕는 이 방법을 내가 이미 하고 있지는 않은가?

거리 두기

지난 며칠 또는 한 주를 생각해볼 때, 잠깐이라도 뒤로 물러나 성찰하고 있다고 느꼈다면, 그때 우리는 무엇을 하고 있었는가? 이 질문은 우리가 성찰의 장애물을 밀쳐내고 잠시 물러나 있을 때 실제로 어디에서 무엇을 하고 있었는지를 알아차리도록 요구한다.

우리는 마음으로 성찰을 한다. 그런데 마음이 뇌 속에 있고, 뇌는 신경계와 감각에 연결되어 있다는 명백한 사실을 무시하기 쉽다. 우리의 몸은 우리 마음의 생태계다. 따라서 물리적 자세와 공간의 변화는 눈에 띄지 않는 방식으로 우리의 마음에 영향을 미친다.

이것이 아마도 관리자들이 성찰할 때, 대부분 말 그대로 한 걸음 물러선 이유일 것이다. 즉, 그들은 자신과 일상 활동 사이에 약간의 물리적 거리를 두었다. 한 관리자는 "환경이 중요하다는 사실을 알고 있다. 시간이 있더라도 아무 데서나 앉아 성찰할 수는 없는 노릇이므로 무엇이 나에게 알맞은 환경인지 고민한다"라고 말했다. 또 한 관리자는 "나 자신을 위해 신성한 장소와 신성한 공간을 만들어야 한다"라고 강조했다.

앞서 벤처 투자가가 했던 "당신이 책상 위에 발을 올려놓고 창밖을 내다보고 있다면"이라는 말에도 물리적 위치와 관심의 변화가 담겨 있다. 몇몇 관리자들은 사무실을 떠나지 않고 같은 맥락에서 무언가를 했다고 말했다. 한 여성은 "가끔 소파에 앉아 책상 위의 일에는 신경을 쏟지 않으려 하거나, 창가에 서서 새로운 풍경을 바라보려 한다"라고 말했다.

많은 종교에서 신자들이 어떠한 특별한 장소를 찾아, 성찰 의식의 일부로 서고, 앉고, 무릎 꿇고, 노래하고, 외치고 또는 의식적으로 호흡하는 어떤 순서를 따르는 것은 우연이 아니다. 이러한 접근법은 전통적인 종교의식뿐만 아니라 현대의 많은 명상 수

행에서도 이루어지고 있다.

컴퓨터 모니터를 끄고, 창밖을 내다보고, 눈을 감고, 잠시 산책을 하거나, 또는 천천히 숨을 쉬는 등 어떤 물리적인 면에서 한 걸음 물러나는 데에는 근본적인 이유가 있다. 책상에 앉아 컴퓨터로 작업을 하거나 회의에 참석하는 일은 특정한 종류의 주의력과 체계적인 사고를 필요로 한다. 시간이 지남에 따라 특정한 정신 활동은 으레 특정한 신체 활동과 밀접하게 연관될 수 있다. 우리가 특정한 장소에 있거나 특정한 일을 할 때는 특정한 방식으로 생각하기가 더 쉬워진다.

이 연구를 위해 인터뷰한 거의 모든 관리자는 비록 짧고 불완전할지라도 정신없이 돌아가는 일상에서 한 걸음 물러나 잠시 성찰할 시간과 장소를 찾아냈다. 몇 달 또는 몇 년에 걸쳐, 그들은 점차 자신에게 (무의식으로는 아니지만 꽤 자주, 그리고 꽤 큰) 효과가 있는 방식을 배웠다. 대체적으로 효과가 좋았던 방식은 그들에게 자연스럽게 다가온 것이나 그들이 즐겼던 것이었다. 그래서 그들은 성찰을 방해하는 어려운 장애물을 더 수월하게 극복할 수 있었다.

부수적 성찰법

관리자 중 15명 정도는 놀라운 방식으로 성찰했다. 그들은 관련이 없는 다른 활동에 참여하면서(엄밀히 말하면 부분적으로 참여하면서) 성찰했다. 그들은 다른 활동에 조금만 주의를 기울이고, 더 큰 질문이나 사안에 집중함으로써 '한 걸음 물러나는 것'을 실천했다. 가장 흔한 두 가지 예로 운동과 자동차 통근이 있었으며, 이 접근법 역시 여러 형태로 나타났다.

어떤 이들은 이러한 성찰 방식에 고개를 저을 수도 있다. 이것은 보통 두 가지 작업을 동시에, 대충 처리하는 멀티태스킹을 의미하는 것처럼 보인다. 그러나 관리자들은 이러한 접근법이 자신에게 많은 도움이 되었다고 말했다. 컴퓨터를 예로 들어 설명하면, 일상적이고 반복적인 일이 '백그라운드에서 실행 중'인 가운데 선별된 어떤 중요하거나 심각한 문제에 집중하는 것이다. 물론 관리자들은 긴박한 일이 있을 경우에는 두 가지 일을 동시에 하지 않았다.

또한 몇몇 관리자는 특정한 다른 활동에 편승하는 부수적 성찰이 실제로 성찰의 질을 향상시킨다고 주장했다. 성찰 옹호자인 두 관리자는 힘든 운동이 뇌로 가는 혈류를 개선시킴으로써 그것이 가능하다고 믿었다. 한 관리자는 주의를 적절히 분산시키는 것이 가치 있는 생각과 감정을 어떻게든 마음 한구석에서 나오게 한다고 느꼈다. 또 다른 관리자는 "잠시 시간이 지나면 피곤해지고, 그러면 이성적이고 감정적인 필터가 조금 사라져 평소 기피하던 것을 보거나 처리할 수 있다"라고 말했다.

한 관리자는 달리기 시간을 어떻게 이용했는지 솔직하게 들려주었다. 그는 회사에서 어떤 일이 진행될 때 모든 관련 사항을 읽고, 모든 사람과 이야기를 나눈 다음, 결정을 내려야 하는 위치에 있었다. 달리기는 그가 결정을 내리는 데 사용하는 한 방법이었다. 그는 스케줄이나 해야 할 일이 없을 때 밖으로 나가 달리기를 함으로써 가볍게 기분 전환을 하고 마음을 자유롭게 한 후 새로운 관점에서 문제를 볼 수 있었다.

의사 출신 달리기 선수로 유명한 조지 쉬언George Sheehan은 "달리기의 처음 30분은 내 몸을 위한 것이고, 다음 30분은 내 영혼을 위한 것이다"라고 말하며, 적절한 운동이 개인의 성찰에 도움이 된다고 강조했다.[11]

또 하나의 흔한 부수적 성찰은 자동차로 출퇴근하는 시간이었다. 이것은 다소 놀라운 방법이었다. 막히는 도로 위에서 30분에서 60분 사이를 보내는 것이 전형적인 패턴이었다. 이들은 보통 라디오에서 나오는 음악이나 뉴스를 들으며 출발하지만 잠시 후 라디오를 끄고 직장에서 일어난 시급한 문제에 대해 곰곰이 생각하기 시작한다고 말했다. 이러한 문제는 대개 다시 직장과 일상생활에서 더 광범위한 문제로 이어졌다. 예를 들어 한 관리자는 다음과 같이 말했다.

"집으로 가는 길에 도로가 막히면 나는 성찰할 기회라고 생각한다. 운전을 할 때는 음악을 듣거나 말을 하는 법이 없다. 차안에서는 아무도 말을 걸지 않기 때문에 집중하기가 정말 쉽다. 나는 우리가 한쪽 뇌로는 길을 주시하고, 나머지 한쪽으로는 일에 대해 생각할 수 있다고 본다."

관리자들은 운전 중에 얼마나 제대로 성찰할 수 있는지, 또 안전 운전에 방해가 되지는 않는지 궁금해하는 사람들에게 그건 전혀 문제가 되지 않는다고 말했다. 특히 교통 체증이 심할 때는 더 그렇다. 그들은 통근 시간은 성찰하기 좋은 기회라고 대답했다. 한 관리자는 이렇게 말했다.

"어느 정도 다른 것에 힘을 쏟고 있을 때 우리 마음은 어떤 일에 대해 진정으로 생각할 수 있다."

관리자들은 운전을 하면서 성찰하는 다양한 방법에 대해 알려줬다. 예를 들어, 한 관리자는 통근하는 동안 생각할 특정 질문을 준비해두었고, 어떤 관리자는 무엇이든 머릿속에 떠오르는 생각에 집중했다. 종이에 간단하게 메모하는 이도 있었고, 스마트폰에 기록하는 이도 있었다. 한 젊은 관리자는 유머 감각을 발휘하며 자기 아버지의 일화를 들려주었다.

"농부이신 우리 아버지는 트랙터 위에서 워낙 많은 생각을 하기 때문에 교회에 다니지 않으세요."

운동이나 통근 외에도 샤워를 하면서 좋은 아이디어를 얻었다고 말하는 관리자도 여럿 있었다. 한 일본인 관리자는 애석해하며 말했다.

"여행을 할 때 불편한 것 중 하나는 욕조가 없다는 점이다. 따듯한 욕조에 몸을 담그고 혼자 고요하게 여러 일들을 돌아볼 수 없다는 것이 안타깝다."

부수적 성찰에 의존했던 관리자들은 자신이 주로 성찰에 초점을 맞추고 있다고 믿었다. 그들의 접근법은 찬송이나 기도처럼 수천 년간 행해져 온 반복적인 종교의식의 현대적, 세속적 버전일지도 모른다. 중요한 것은 이런 부수적 성찰이 대다수 관리자들에게 꽤 효과가 있다는 사실이다. 그들은 다른 방법을 사용할 때보다 더 많은 성찰을 하고 있다.

올바른 대화

성찰이란 무언가에 대해 혼자 골똘하게 생각하는 것이라는 선입견을 버려야 한다. 내가 만나 관리자 가운데 5분의 1은 다른 사람과의 대화를 통해 성찰을 했다. 그들에게 성찰은 고독이라기보다는 사회적인 것이었다.

이러한 성찰적 대화에는 올바른 파트너가 필요하다. 하지만 누가 올바른 파트너인지 어떻게 알 수 있을까? 정확히 짚어 대답하기는 어려운 문제이다. 한 관리자는 신뢰하는 직장 동료에 대해 이렇게 말했다.

"우리는 함께 있으면 진정한 대화를 나눌 수 있는 분위기를 만든다."

인터뷰들은 올바른 파트너의 몇 가지 특징을 보여줬다. 보통 올바른 파트너는 직장이나 삶에서 같은 경험을 공유하거나 자신에 대해 꽤 잘 알고 있는 사람이었다. 한 관리자의 경우 그의 올바른 파트너는 아버지였다.

"나는 아버지와 함께 퇴근하면서 그날 있었던 일에 대해 이야기를 나눈다. 아버지는 나와 대화로 가장 많이 성찰하는 사람이다."

금융계에서 일하는 한 젊은 관리자는 일주일에 몇 번씩 어머니와 비슷한 대화를 나눈다고 말했다. 몇몇 관리자들은 직장에 대화할 상대가 있었다. 말하자면 "분명한 답을 얻어야 할 경우에 찾아가는 사람으로 회의실 문을 닫고 얘기를 나누는" 사이였다.

경험을 공유하는 것만이 다가 아니다. 여기에는 결정적으로 개인적 유대감이 작용하는데, 한 관리자의 말을 빌리면, "마음이 맞는 사람이 있는데, 더 깊은 면에서 그렇다"는 것이다. 마음이 맞는 사람과의 대화는 더 중요하거나 더 진지한 문제로 자연스럽게 옮겨간다. 그들은 친밀한 것처럼 보이지만 좀처럼 만족감이 안 느껴지는 '깊지만 얕은' 대화를 하지 않는다.

올바른 사람은 올바른 질문을 하는 데 탁월한 사람이다. 한 관리자는 이렇게 말했다.

"우리는 너무 도전적이다 싶은 질문을 해줄 사람이 필요하다. 마음속 한쪽에서는 그런 질문을 하지 않았으면 좋겠다고 생각하지만, 나중에 그것이 우리에게 필요했던 것임을 깨닫는다."

한 관리자는 성찰적 대화법의 달인이라고 불리는 전직 상사에 대해 이야기해주었다.

"그는 내게 전혀 충고하지 않았다. 이후 내가 다른 사람들을 이끄는 리더가 되었을 때, 나는 그가 내게 했던 것처럼 하고자 했다. 리더의 행동은 팀원들이 스스로 무엇을 하고 있는지, 문제가 무엇인지 알도록 도와주는 일종의 거울이다. 섬세하게 반응하고, 표정이나 몸짓을 통해서라도 신경 쓰고 있다는 사실을 보여주는 것이다. 질문은 꼭 필요한 몇 가지만 한다. 리더는 가장 섬세한 방식으로 다른 사람들이 퍼즐을 맞추도록 도와야 한다고 생각한다."

때때로 우리가 들어야 할 질문은 경험과 관점이 서로 다른 사람으로부터 나온다. 한 관리자는 이렇게 말했다.

"나는 운이 좋았다. 남편은 내게 정말로 좋은 파트너 역할을 해 오고 있다. 우리는 서로의 직장 문제와 아이들의 발달상황에 대해 많은 대화를 나눈다. 남편은 내가 지나치게 분석적이라는 것을 알고 있기에 이에 대한 균형을 맞춰준다."

다른 성찰 접근법과 마찬가지로, 이런 대화에 대한 자신만의 하이브리드 접근법을 개발하는 것이 중요하다. 예를 들어, 미국의 한 대형 유통업체의 임원은 다음과 같이 글쓰기와 대화의 조합을 사용했다.

"나는 주로 내 일을 혼자서 처리한다. 배우자나 친구에게 일 얘기를 하는 경우는 잘 없다. 대신에 노란색 노트패드에 글을 쓰면서 내가 생각하는 변수와 기타 사항, 내가 좋아하는 것과 싫어하는 것을 파악하려고 하며, 또 어떤 패턴이 나타나는지 보려고 노력한다. 나는 여러 가지로 뒤엉킨 생각을 정리하기 전까지는 내가 성찰한 바를 대화나 의사결정으로 이어가지 않는다. 도움이 필요 없다는 것은 아니지만 나는 내 얘기를 모조리 털어놓지는 않는다. 그들은 나의 해결사가 아니기 때문이다. 나는 스스로 내 문제를 정리하길 원한다."

또 하나의 대안은 올바른 사람 대신에 올바른 그룹과 성찰적인 대화를 나누는 것이다. 개인적인 친분과 신뢰, 공감은 모든 성찰적인 대화에서 중요하지만, 그 환경은 각자 다르다. 예를 들어 한 관리자는 몇 주마다 전문직 친구들이 함께하는 그룹을 만나 자신을 괴롭히는 골치 아픈 문제들에 대해 서로 이야기를 나눈다. 또 한 관리자는 친구들과 몇 주에 한 번씩 퇴근 후 술자리를 갖는다. 친구들과 스포츠 얘기를 할 때도 있지만 직장에서의 고충과 개인적인 고민도 자주 털어놓는다.

이 인터뷰들은 우리가 사무실, 집, 식당, 그리고 많은 환경에서 성찰적인 대화를 할 수 있음을 보여준다. 주제도 다양할 수 있다. 이러한 대화는 정기적일 필요도 없고 특정한 형식을 따를 필요도 없고 그저 '적당히 좋으면' 된다. 이것은 성찰적인 대화가 어떤 문제나 걱정을 해결하는 데 도움을 주는 것을 의미하는데, 대화에 신뢰감, 자신감, 그리고 이해심이 스며들기 때문이다.

글쓰기

또 하나의 '적당히 괜찮은' 성찰 방법은 어떤 형태로든 가끔씩 글을 쓰는 것이었다. 이는 관리자들의 약 4분의 1이 사용하는 방법이다. 그들이 얼마나 자주 이런 성찰을 했는가는 그들의 성향과 일정에 따라 달랐다. 관리자 중 누구도 정기적으로 또는 자주 책상에 앉아 글을 썼다고 말하지 않았다. 대신 그들은 글쓰기의 필요성을 느낄 때 조금씩 시간을 내어 글을 썼다. 한 관리자는 이렇게 말했다.

"나는 일기를 쓴다. 하지만 솔직히 말하면, 내가 자리에 앉아 일기를 쓰는 날은 아마도 3개월에 한 번 정도일 것이다. 나는 직장에서, 또 인간관계에서 내가 어떤 위치에 있는지를 쓰려고 노력한다."

다른 형태의 성찰과 마찬가지로, 인터뷰는 우리가 개인마다 다양한 방식으로 글쓰기 성찰을 할 수 있음을 분명히 보여줬다. 일기를 쓰는 대부분의 관리자들은 펜으로 직접 글을 썼는데, 그렇게 하면 속도를 늦추고 좀 더 사색적으로 된다고 느꼈기 때문이다. 또 한 관리자는 자신의 종교적 성찰을 인터넷에 기록한다고 말했다. 그는 '검색 가능한 성찰'을 통해 과거로 돌아가서 자신의 인생에서 특정 문제를 고민했던 때를 쉽게 찾을 수 있었다.

또 하나의 방법으로는 이른바 '비망록commonplace book'이 있다. 한 관리자는 이렇게 말했다.

"나는 갈색 가죽 커버로 된 비망록에 글을 쓰는데, 내가 읽거나 들은 것, 또는 누군가 내게 보낸 것, 아니면 내게 영감을 주거나 생각하게 만드는 것이 생기면 기록한다. 대학 때부터 여기에 글을 썼는데 아마 몇백 페이지쯤 될 거다. 나는 가끔씩 옛날로 돌아가 이것을 읽곤 한다."

인터뷰는 자신에게 맞는 접근법을 찾기 위해서는 전형적인 일기 쓰기나 글쓰기의 접근법을 넘어서서 상상력을 발휘하는 것이 중요하다는 사실을 분명하게 보여준다. 한 관리자의 말대로 한 가지 방법은 "노트를 항상 들고 다니며 조금씩 글을 쓰는 것"이다. 또 한 관리자는 종이 위에다 처음에 떠오르는 생각을 아무렇게나 빠르게 적는 방법을 사용했다. 그는 이를 '랜덤 시냅스 모음

집'이라고 불렀다. 어떤 젊은 엔지니어는 결정을 내려야 할 때 스프레드시트에 글을 썼는데, 그 이유는 다음과 같았다.

"나는 뼛속까지 엔지니어인 것 같다. 어떤 문제가 있으면 분석하고 하나하나 나누어 근본적인 원인을 찾는다."

이처럼 인터뷰들은 개인에 맞춤화된 여러 다른 '적당히 괜찮은' 성찰 접근법을 보여준다. 한 관리자는 매일 하루의 시작과 끝에 작은 북엔드를 세우고 그날 성취한 것과 미진한 부분에 대해 생각해보려 했다. 신앙이 있는 관리자 몇몇은 아침이면 꾸준히 성경을 읽으려 했고, 포춘 선정 50대 기업의 한 CEO는 매일 성경 한 구절과 묵상을 제공하는 온라인 프로그램을 활용했다. 한 여성 관리자는 취미로 하는 설치 미술 작업을 할 때 성찰이 잘되었음을 깨달았다. 다른 관리자는 개를 산책시킬 때 의식적으로 다른 사람을 피하려고 노력했는데, 이때가 성찰을 위한 가장 좋은 시간이었기 때문이다.

이 관리자들은 어떻게 유연하고 자기 자신에게 맞춤화된 '적당히 괜찮은' 성찰 접근법을 개발했을까? 이들은 어떤 경우에는 의식적으로 실험까지 했다. 꽤 성공한 한 관리자는 수년 동안 매일 명상을 했는데, 아내가 명상을 주제로 다룬 주말 세미나에 참석하라고 채근했기 때문이었다. 그는 마지못해 참석했지만 결국은 명상을 무척 좋아하게 되었다. 이와는 대조적으로 맥킨지의 한 선임 파트너는 이렇게 말했다.

"큰 인력회사를 운영하는 친구가 있는데, 그가 24시간 수련회에 다녀와서 내게 정말 좋았다고 자랑을 늘어놓았다. 친구는 내게도 참여할 것을 권유했지만, 내 대답은 거절이었다. 난 그런 곳에 갈 사람이 아니다."

관리자들은 대부분 시간이 흐르면서 자기 자신을 관찰하게 되고, 이를 통해 특정한 일상이 자신에게 효과가 있다는 사실을 자연스럽게 알아차렸다. 그들은 이러한 일상을 지키려고 노력했지만, 반드시 그런 것은 아니었다. 그들은 일과 삶이 바뀌면 자신의 일상을 거기에 맞추어 바꿨다. 은퇴한 한 인사부 관리자는 이렇게 말했다.

"내 인생 목표 중 하나는 내 패턴이 무엇이고, 어떤 것이 내게 효과가 있고 어떤 것이 효과가 없는지를 파악하는 것이다."

철학자 황제가
자신에게 하고 싶었던 말

　　적당히 괜찮은 성찰에 의구심을 보이는 것은 당연하다. 어쩌면 이것은 오늘날의 삶과 일에 의해 우리에게 강요되는 차선책인지 모른다. 현실적으로 자신의 책임에 대해 진지하게 생각하는 사람들은 오랫동안 성실하게 일해 왔다. 그들에게 성찰의 시간은 언제나 희귀한 재화였다. 이것이 오랜 성찰의 역사 가운데 탁월한 인물들이 유연하고 때로는 기회주의적인 접근법을 사용해 자신의 삶과 일에 대해 깊이 성찰했던 이유다.

　　예를 들어 로마 황제 아우렐리우스가 쓴 놀라운 저작을 생각해보자. 그의 글은 《명상록》이라는 제목으로 수없이 출판되었지만,

사실 처음에는 《그 자신에게 To Himself》라는 명칭으로 불렸다. 이는 아우렐리우스가 출판할 목적으로 쓴 것이 아니라 시간이 날 때마다 단순히 자신의 개인적인 성찰을 위해 기록한 것이었기 때문이다.

《명상록》은 모자이크 성찰이 지니고 있는 취약성에도 불구하고 한 걸음 뒤로 물러서서 깊이 생각하며, 성찰의 장애물을 극복하는 귀중한 방법임을 보여준다. 아우렐리우스는 간헐적으로 성찰을 했지만, 그가 정말 중요하게 생각하는 주제와 질문에 몇 번이고 다시 돌아오곤 했다. 기회가 있을 때마다 조금씩 기록한 그의 성찰은 결국 시간을 초월한 불후의 명작으로 남았다. 수 세기 동안 각계각층의 수많은 사람이 지혜와 위로를 얻기 위해 그를 찾고 있다.

아우렐리우스는 막중한 책임을 맡고 있는 동안 이 일기를 썼다. 그는 로마 제국을 침공하려는 게르만족에 대항하여 13년간 전쟁을 이끌었다. 아우렐리우스는 음산한 늪지대인 도나우강 근처에서 모닥불 열기만을 의지한 채 오랫동안 막사 생활을 했다. 로마 황제들이 흔히 누리던 여가와 안락함, 부유함은 없는 삶이었다. 아우렐리우스가 군을 이끄는 동안 역병이 로마를 황폐화시켜 시민의 3분의 1이 죽었다. 게다가 정적들은 그를 몰아낼 음모를 꾸미고 있었다. 한 전기 작가는 아우렐리우스에게는 안락함과 웃음, 즐거움을 위한 '요정의 키스'가 부족했다고 표현했다. 책임을 다하려는 그의 헌신적인 노력이 건강을 해치고 그를 죽음으로 내몰았는지도 모른다.[12]

그러나 막중한 책임을 맡아 자신의 역할에 최선을 다했던 아우렐리우스는 성찰할 시간을 찾았다. 그가 언제 어떻게 《명상록》을 썼는지는 정확히 알려지지 않았으며, 책의 분량은 많지 않고 12장에 걸쳐 정리되어 있다(대부분의 판본은 100페이지 정도다). 책의 내용은 빠르게 바뀌는 아우렐리우스의 사고의 흐름을 따라간다. 그는 한두 단락마다 다른 사람들에 대한 관찰, 자연에 대한 성찰, 실패에 대한 책망, 어떻게 살아갈까에 대한 생각, 스승의 가르침 등 여러 주제 사이를 이리저리 오간다. 그의 성찰은 잠깐 시간이 날 때마다 기록한 것으로 보이는데, 아마도 저녁에 휴식을 취할 때로 추측된다.

아우렐리우스는 인터뷰에 참여한 대다수 관리자들과 같은 것을 추구했다. 그는 바쁜 일상에서 성찰할 기회를 포착했다. 그는 이러한 순간들에 '고요의 공간spaces of quiet'이라고 이름까지 붙였다. 그는 자신에게 이렇게 말했다.

"삶의 아름다움에 대해 숙고하고, 별을 보고, 별들과 함께 달리는 자신을 보라."**13**

아우렐리우스는 모자이크 성찰의 원조 실천가로, 그의 《명상록》은 특히나 어려운 책임을 맡고 있는 사람들에게 모자이크 성찰의 다양성과 힘을 분명하게 보여준다.

우리가 여기에서 소개하는 몇 가지 지침을 따른다고 가정해보자. 가끔씩 우리는 자신을 관찰한다. 그리고 잠시나마 정신없이 돌아가는 바쁜 삶과 일을 늦추고 한 걸음 물러날 수 있는 시간과 장소를 찾아 우리가 마주하는 성찰의 장애물을 헤쳐 나간다. 아무리 짧은 순간이더라도 이것이 우리의 '고요의 공간'이다.

하지만 어떻게 그 공간을 사용해야 할까? 한 걸음 물러나 실제로 무엇을 해야 할까? 어디에 주의를 집중해야 할까? 무엇에 대해 생각하려고 노력해야 할까? 어떻게 이 시간을 활용하여 우리가 직면한 성찰의 장애물을 비켜 갈 수 있을까?

앞으로 살펴볼 내용은 이 질문들에 대해 오랜 세월에 걸쳐 검증된 답을 제시한다. 각각의 성찰 방법은 진지한 사고에 뿌리를 두고 있으며, 기본적으로 서로 다르다. 이 접근법들은 인터뷰를 통해 그 진가가 확인되었는데, 대다수 관리자가 그 기원은 알지 못하더라도 실제로 이 접근법들의 여러 버전을 따르고 있었기 때문이다.

PART 3

✦

멘탈 체계를 저단 기어로 바꾸다

다운시프팅 접근법

✦

"경험으로 나는 알게 되었다.
우리는 조급함으로 자신을 파괴한다는 사실을."

미셸 몽테뉴Michel de Montaigne

1,500명의 직원을 관리하느라 매우 바쁜 하루하루를 보내고 있는 한 임원은 근무 시간 동안 잠깐 짬을 내서 성찰하는 특이한 방법을 사용하고 있었다. 그녀는 회사 밖에서 회의가 있을 때면 종종 일찍 출발했는데, 시간을 정확히 맞추기 위해서가 아니라 단지 '천천히 그곳에 걸어가기' 위해서였다. 그녀는 평소 어떤 문제나 꼬투리를 찾으려는 성향이 아니었으며, 사무실을 돌아다니며 이것저것 관리하려 들지도 않았다. 그녀가 하고 싶었던 것은, 그녀 말을 빌리면 '일이 어떻게 돌아가는지 감'을 느

끼는 것뿐이었다.

놀랍게도, 몇몇 다른 관리자들도 비슷한 맥락에서 성찰을 정의했다. 한 관리자는 "나는 과거에 살거나 미래를 예측하려 하지 않고 현재에 충실하고자 한다"라고 말했다. 또 한 관리자는 "나는 시간을 무시하거나 억지로 밀어붙이지 않고, 또 쉽게 흥분하지 않는다. 그냥 무슨 일이 일어나는지를 지켜볼 필요가 있다"라고 덧붙였다. 이 관리자들은 그들이 거의 무의식적으로 사용하는 집중적이고, 분석적이며, 실용적인 사고방식으로부터 때때로, 잠시 벗어나고 싶다고 말하고 있었다.

직장에서 우리 마음은 보통 시속 200마일로 작동하는 경주용 자동차 엔진과 비슷하다. 관리자들은 이러한 상황을 벗어나 휴식을 취하고 정신적으로 '다운시프팅'하고 싶어 했다. 이것은 수천 년 동안 '사색contemplation'이라고 부른 성찰의 기본적인 방법이다. '사색'은 특정 지역을 '사원templae'으로 지정했던 고대 로마 관습에서 유래한 말이다. 이곳은 대사제들이 신들의 메시지를 알아내기 위해 인내심을 갖고 조용히 자연현상을 관찰하던 곳이다.[1]

우리는 다운시프팅이나 사색을 할 때 기본적인 정신 습관(분석적 사고, 비용 편익 분석, 다음 단계 계획)을 의식적으로 중단하고자 노력한다. 우리 목표는 단순히 주위를 둘러보면서 살피고 관찰하는 것이다. 다운시프팅은 미팅을 하거나 대화를 나눌 때, 가족이나 친구와 함께할 때, 또는 홀로 지내는 조용한 순간에 무엇이 중요한지 진정으로 바라보고 완전히 파악하는 방법이다. 다운시프팅은 다른 사람들, 여러 상황들, 펼쳐지는 일들에 주의를 기울이고 반응하도록 도와주는 성찰로 기본 목표는 경험의 깊이에 있다.

때때로 다운시프팅은 대단히 중요하다. 헨리 데이비드 소로는 2년간 외딴 오두막에서 홀로 지낸 것으로 유명한데, 그는 자신이 그곳에 살았던 이유에 대해 이렇게 말했다.

"내가 숲속으로 들어간 것은 인생을 의도적으로 살아보기 위해서였으며, 인간의 본질적인 사실들만을 직면해보려는 것이었으며 … 마침내 죽음을 맞이했을 때 내가 헛된 삶을 살았구나 하고 깨닫는 일이 없도록 하기 위해서였다."[2]

성찰에 관한 고전 작품 《수상록》을 쓴 16세기 프랑스 작가 미셸 몽테뉴도 비슷한 견해를 갖고 있었지만, 그는 죽음에 대해 생각하기보다 삶의 질을 높이는 데 초점을 맞췄다. 그는 "우리 자신

의 존재를 충실히 즐기는 것은 절대적인 완벽이며 거의 신성한 것"이라고 썼다.[3]

다운시프팅 또는 사색의 근본적인 목표는 우리가 경험하고 있는 것에 대한 감각을 심화하는 것이다. 이것은 현실적으로 무엇을 의미할까? 실제로 그것을 어떻게 시작해야 할까? 그리고 그것이 어떻게 성찰의 장애물을 극복하는 데 도움이 될까? 인터뷰와 오랜 역사는 다운시프팅을 통해 경험의 깊이를 얻는 몇 가지 기본 방법을 제시한다. 이 접근법은 각각 장점과 단점을 갖고 있다. 그러므로 각각의 접근법을 시도해보고 무엇이 자신에게 가장 잘 맞는지 알아보자.

지금 이 순간
무엇을 경험하고 있는가

다운시프팅의 첫 번째 방법은 마음이 이리저리 떠돌아다니도록, 즉 방랑하도록 내버려 두고 그것이 어디로 가는지 보는 것이다. 이를 '멘탈 미앤더링mental meandering'이라고 부른다. 이것은 컴퓨터 화면에서 고개를 돌리고 잇따른 작업과 책임감을 내려놓고 잠시 쉬는 것을 의미한다. 만일 이것이 힘들다면, 이러한 잠깐의 휴식이 장기적으로는 생산성과 효율성을 향상시킨다고 스스로에게 말하라. 또한 몇 분 동안의 멘탈 미앤더링과 다른 형태의 다운시프팅은, 불편한 주제에 대해서도 성찰을 시작할 수 있도록 돕는다.

한 관리자는 요가 수업 시간에 경험했던 일이 마음속에서 떠나지 않는다고 말했다. 몇 주 동안 그는 아버지의 죽음에 따른 일련의 현실적인 문제들을 처리하고 있었다. 그러던 중 요가 수업에서 그는 자신이 이름 붙인 '내 마음속의 슬라이드 쇼'를 보았다.

그는 어머니가 집에서 가족과 계속 생활하는 모습과 노인보호시설에서 생활하는 서로 다른 모습을 보았다. 그는 자신이 '말썽쟁이'라고 부르는 누이가 아버지의 죽음과 어머니의 변화에 어떻게 반응하는지를 보았다. 그리고 자신이 어린 딸들에게 분명하지는 않지만 어떤 심각한 문제에 대해 말하는 것을 보았다. 이 '슬라이드 쇼'에는 음성 해설이나 자막은 없었다. 그는 어떤 결정이나 결론을 내리려고 하지 않았다. 그가 한 일은 그 이미지와 추억들이 그의 뇌리를 스쳐 지나가는 것을 지켜보는 것뿐이었다.

멘탈 미앤더링은 우리를 여러 방향으로 인도할 수 있다. 우리는 직장이나 집, 주변에서 일어나는 일을 단순히 관찰하게 될지도 모른다. 또한 다른 일을 하느라 밀쳐놓았던 몇 가지 질문이나 걱정거리를 표면화할 수도 있다. 멘탈 미앤더링은 한 관리자의 말처럼, 때로는 '벨트 버클과 머리 사이'에 무슨 일이 일어나고 있는지를 알기 위해 감정의 흐름에 부드럽게 주의를 기울이는 것을 필요로 한다.

이러한 방식의 다운시프팅에는 로드맵이나 규칙이 없다. 몇 분 동안 생각이나 감정, 관심이 가는 곳으로 흘러가도록 내버려 두는 것이다. 이 말은 간단하게 들릴지 모르지만 실제로 그렇게 하기란 매우 어렵다. 특히 자신의 마음이 잇따른 업무를 처리하도록 훈련되어 있고, 자신이 생산적일 때 만족을 느끼는 이들에게 그렇다. 그러므로 '집중하지 않기' 위해서는 집중적인 노력이 필요하다.

인터뷰를 하면서 이를 위한 몇 가지 방법을 발견할 수 있었다. 한 관리자는 이렇게 말했다.

"와인이나 커피 한 잔을 들고 편안한 의자에 앉아 아무 일도 하지 않는 것처럼 내 마음이 '공_{空, blank}'이라고 부르는 어떤 것을 하려고 했다."

우리의 마음을 자유롭게 풀어줄 수 있는 특정 장소를 찾는 것도 한 가지 방법이다. 미국에 머무르는 동안 반신욕을 하기 힘들었던 한 관리자는 "나는 거의 모든 시간을 계획하는 데 쓴다. 그래서 때때로 욕조에 몸을 담그며 시간을 보내야 한다. 그때 나는 아무것도 생각하지 않을 것이다. 그냥 물을 즐기고 그 고요함을 즐길 것이다"라고 말했다. 이러한 다운시프팅의 예들은 기본적으로 몽테뉴가 성찰하는 방식의 여러 버전이다. 그의 일기는 단순하고 군더더기 없는 자기 성찰의 노력이다. 자기 성찰의 문자 그대로 의미는 '내면을 들여다보는 것'이며, 몽테뉴가 하려 했던 것은 자신의 마음속을 지나가는 것을 관찰하고 기록하는 것뿐이었다.

멘탈 미앤더링은 그 뿌리가 훨씬 더 오래전으로 거슬러 올라간다. 이러한 성찰 방법은 서방세계가 아니라 부처와 공자의 사색적 수행을 따르던 동양에서 유래되었고, 그 사색적 수행은 모두 하나의 질문에 초점을 맞추고 있다.

"지금 바로 이 순간, 나는 무엇을 경험하고 있는가?"⁴

무엇 때문에 멘탈 미앤더링이 가치 있는 것일까? 20세기 초 존 러벅John Lubbock이라는 뛰어난 영국인은 이에 대한 대략적인 윤곽을 그려주었다. 그는 영국의 은행가이자 국회의원, 자선가, 고고학 및 고생물학 분야의 작가였다. 러벅의 삶은 부담감이 크고, 사회 참여적이며, 중요한 업무의 연속인 것처럼 보인다. 그러나 그는 이렇게 기록했다.

"휴식은 나태함이 아니다. 여름날 나무 밑 풀밭에 누워 흐르는 물의 속삭임을 듣거나 하늘을 떠다니는 구름을 구경하는 것은 결코 시간 낭비가 아니다."[5]

러벅의 생각은 현대의 연구에서 확인되었다. 20여 년 전까지만 해도 인지신경과학자들은 우리가 업무에 집중하고 있지 않을 때, 우리의 뇌는 엔진을 켜놓은 채 주차된 자동차처럼 공회전하고 있다고 생각했다. 그러나 지금은 많은 연구 결과가 우리의 마음이 항상 활성화 상태로 유지되고 있음을 보여준다. 우리가 어떤 일을 생각할 때, 그리고 실제로 그 일을 할 때, 우리는 특정한 신경망을 이용한다. 그러다가 집중과 활동을 멈추면, 또 다른 회로 세트가 켜진다. 이러한 과정은 자연스럽게 자동으로 이루어지므로 이를 디폴트 모드 네트워크default mode network라고 한다.[6]

디폴트 모드 네트워크에 대한 최근 연구에 따르면 고요하고 사색적인 성찰 시간은 다양한 목적으로 쓰인다. 이러한 시간은 창의력의 원천이 될 수 있으며, 아이들이 놀이에 완전히 몰두하도록 돕는다. 또한 미래에 대한 계획을 의식적으로 세우고, 자의식과 감성 지능을 향상시키며, 도덕적 판단력을 강화하는 데 도움이 된다. 심지어 우리가 마음을 공회전하며 보내는 시간이 실제로 일에 대한 의식적이고 분석적인 사고를 향상시킨다는 연구 결과도 있다.

훨씬 더 깊은 보상으로, 오늘날 사회가 조장하는 생산적이고 활동적인 외부생활과는 반대되는, 내면생활의 발달을 기대할 수 있을 것이다. 소설가 메릴린 로빈슨은 소설 《길리아드》에서 "나는 내가 아는 것보다 더 많이 알고 있고, 그것을 나 자신에게 배워야 한다"[7]라고 쓰면서 고요한 사색의 중요성을 지적했다. 또한 시인 월트 휘트먼은 "나는 빈둥거리며 내 영혼을 초대한다"[8]라는 유명한 말을 남겼다.

여러 형태의 멘탈 미앤더링은 아주 간단하면서도 쉬운 성찰 접근법처럼 들릴 수 있다. 앞서 벤처 투자가가 책상에 발을 올리고 창밖을 내다보라고 한 조언을 그저 따르기만 하면 된다. 그러나 이 성찰에는 세 가지 문제가 있고, 각각의 문제는 우리가 성찰의 장애물을 넘어서지 못하게 할 수도 있다.

첫째, 어떤 사람들은 생각을 멈추고, 마음을 놓아주고, 수동적으로 자신의 경험을 관찰하는 것을 매우 어렵게 생각한다. 풀밭에 누워 흐르는 물소리를 들어보라는 존 러벅의 조언을 따르는 것은 그들에게 고려 대상이 아니다. 한 관리자는 "가끔은 뇌를 멈추고 생각을 그만했으면 좋겠지만, 뇌를 어떻게 멈춰야 할지 생각해본 적이 없다"라고 말했다. 이는 어떤 사람들에게는 거의 언제나 해당되고, 또 어떤 사람들에게는 때때로 해당되는데, 이런 일이 생기면 그들에게는 다운시프팅을 위한 다른 방법이 필요하다.

두 번째 문제는 '현재의 순간'에 주의를 기울이는 것이 어떤 사람들에게는 공허한 조언이 될 수 있다는 점이다. 다시 말해, 어떤 특정한 순간에 무엇에 주의를 기울여야 하느냐는 문제가 생긴다. 바로 눈앞에 있는 크고 작은 대상 가운데 어떤 것을 말하는가? 우리의 신체적 감각에? 마음속에 떠오르는 감정과 생각 중 하나 혹은 몇 가지에? 또는 그러는 동안 떠오르는 기억에? 아니면 끊임없이 알림을 울려대는 해야 할 일의 목록과 과제에 주의를 기울여야 하는가? 자신이 살고 있는 동시대의 생활상을 세심하게 관찰하고 표현하는 사실주의 화가들은 실제로 무엇을 묘사하고 또 어떻게 묘사할 것인가에 대해 아주 방대한 선택을 한다.[9] 그들과 우리에게 현재의 순간은 단 하나의 간단한 것이 아니다.

몽테뉴는 성찰을 할 때 자신의 직접적인 경험과 생각, 감정을 최대한 충실히 파악하고 묘사하려고 노력했다. 그러나 몽테뉴는 결국 이렇게 결론지었다.

"나는 내 대상을 가만히 잡아둘 수 없다. 그것은 일종의 내재된 취기로 계속 움직이고 비틀거린다. … 나는 존재를 묘사하지 않는다. 나는 움직임을 묘사한다."[10]

마지막 문제는 반추rumination다. 반추가 일어나면, 우리의 사고는 동일한 사건, 문제 또는 걱정으로 몇 번이고 되돌아온다.[11] 반추는 머릿속에서 지울 수 없는 음악과 같다. 한 관리자는 조용히 앉아 있으려 할 때마다 "마음은 계속 빙빙 돌다가 내가 망쳐버렸던 일이나 의견이 맞지 않아 곤혹스러웠던 관계로 계속 되돌아온다"라고 말했다.

요컨대, 멘탈 미앤더링은 모든 사람에게 효과가 있는 방법이 아니다. 하지만 다행히도, 다운시프팅에는 여러 방법이 있다. 그 방법들은 모두 부드럽고, 온화하며, 개방적인 방식으로 우리의 주의를 집중시킨다. 또한 몇 분 동안 혹은 더 오랫동안 경험의 깊이를 찾는 방법들이다. 우리는 모자이크 타일처럼 필요, 성향, 또 이용 가능한 시간에 따라 다양한 방식으로 그것을 결합할 수 있다.

정신의 속도는
육체의 속도와 함께 간다

한 관리자는 성찰에 대한 자신의 생각이 고리타분하게 들릴지도 모른다고 말했다. 그는 자신과 아내는 한 자녀가 착한 행동을 하면, 다른 자녀에게 "저 모습을 바라봐"라고 얘기하곤 했다고 한다. 그들은 보통 현실을 판단하고 해석할 때 사용하는 사고, 감정, 분별의 장막을 걷어내고 보다 깊은 경험의 순간들을 만들어주려고 노력하고 있었다.

퀘이커 교도들은 예배의 일부로 묵상을 할 때 이러한 행동을 한다. 한 신학자의 말처럼, 이것은 "말의 한계를 넘어서는 바라보기를 가능하게 한다."[12] 이러한 다운시프팅 접근법은 제한이 없다. 따라서 이해하기도 쉬우며 실천하기도 쉽다. 이 방법의 기본적인 생각은 자신이 하고 있는 일을 알아차리고 그 일을 의식적으로 더 천천히 하면서 단순히 자신이 경험하는 것을 바라보는 일이다.

진지하고 세심하게 쓴 일기나 기록은 이 접근법의 대표적인 예다. 기록은 경험을 분석하거나 거기에서 교훈을 얻으려는 것이 아니라, 단순히 경험을 포착하고 다시 체험하려는 노력이다. 또한 일기를 쓰는 바로 그 행위, 즉 여유로운 마음으로 앉아서 손으로 무언가를 쓰는 행위는 느림을 실천하는 연습이다.

20세기의 수필가 중에 잘 알려지지 않았지만 크게 성공한 데이비드 릴리엔솔David Lilienthal이라는 사람이 있다. 그는 1930년대에 대규모 수력 발전 기관인 테네시강 유역 개발공사의 설립을 지휘했다. 1940년대에는 원자력 위원회의 창설 위원장을 맡았는데, 당시는 새로운 원자력 기술이 인간의 삶을 획기적으로 향상시키거나 파괴할 것으로 보던 때였다. 또한 1950년대에 그는 국제컨설팅회사를 설립하여 개발도상국의 대규모 정부 사업을 자문하는 일을 했다.

많은 책임을 맡고 있었지만, 릴리엔솔은 틈틈이 시간을 내어

여섯 권이나 되는 방대한 성찰 기록을 남겼다. 대다수 글은 단지 여러 일어난 일을 기록한 것으로 어떤 일은 의미 있고, 또 어떤 일은 사소하거나 재미난 것이었다. 예를 들어 어떤 글에서 그는 자신이 이란에서 이란 농업부 장관과 두 명의 미국 석유회사 임원들과 함께 댐 건설용 부지에 가는 과정을 묘사하고 있다. 세 사람 모두 진한 선글라스를 끼고 커다란 방음용 귀마개를 하고 있었다. 릴리엔솔은 어느 순간 창문에 비친 일행의 모습을 보고 "악한 것은 보지도 듣지도 말하지도 않는"[13] 세 마리 원숭이가 떠올랐다고 기록했다.

이 글들에서 릴리엔솔은 마치 다시 한 번 체험하고 즐기려는 듯, 단순히 하나의 경험을 묘사하고 있다. 이것은 프랑스 태생의 미국 소설가 아나이스 닌의 정신에서 나온 다운시프팅으로, 그녀는 이렇게 말했다.

"우리는 삶을 두 번 맛보기 위해 글을 쓴다. 글을 쓰는 이 순간에 한 번, 그리고 회상하면서 또 한 번."[14]

많은 유명 일기에서도 유사한 글이 나온다. 안네 프랑크는 그의 일기에서 나치로부터 숨어 지내던 가족의 삶에 대한 사소한 일들을 자주 이야기하는데, 이것은 그들이 살고 있던 끔찍한 상황에 비추면 전혀 중요하지 않아 보이는 내용이다.[15]

릴리엔솔과 프랑크는 많은 수필가들과 함께 17세기 영국 행정가이자 작가인 새뮤얼 피프스의 후예다. 굉장히 다채로운 일들을 적은 피프스의 기록은 최초의 현대 일기로 인정받고 있다. 그의 일기는 페이지마다 그의 일상을 열정적이고 매력 있게 때로는 놀라울 정도로 솔직하게(외도와 개인적인 습관까지도) 묘사하며 독자들을 사로잡는다.

어떻게 우리는 자신만의 '바라보는' 방법을 찾을 수 있을까? 한 가지 답은 때때로 속도를 늦추고(관리자 다섯 명 중 한 명이 했거나 하려 했던 것처럼) 자신이 경험하거나 관찰한 것에 대해 일기를 쓰는 것이다. 다른 접근법으로는 앞서 나온 관리자처럼 일부러 천천히 걸어가는 시간을 만드는 방법도 있다. 이는 모두 단 몇 분만이라도 속도를 늦추는 자신만의 방법을 찾는 것으로, 정신적으로 속도를 늦추기 위해 신체적으로 속도를 늦추는 것을 의미한다. 마치 희미한 신호를 잡고자 구식 라디오의 다이얼을 아주 천천히 돌리는 것과 같다.

20세기 초반의 프랑스 소설가 마르셀 프루스트는 일곱 권짜리 장편 소설 《잃어버린 시간을 찾아서》로 유명하다. 이 소설에는 개별적인 순간들에 대해 놀랍도록 주의 깊은 사색이 담겨 있다. 또한 여유 있게 살아가는 삶에 대한 프루스트의 생각도 담겨 있다. 그는 "너무 빨리하지 마라N'allez pas trop vite"[16]라고 말했다. 이러한 메시지는 오랜 역사를 통해 반복된다. 오래전에는 삶의 속도가 지금보다 훨씬 느렸기에 그렇게 할 수 있었을 것이다. 하지만 심지어 4세기 전 프랑스 시골 마을에 살았던 몽테뉴도 이렇게 기록했다.

"경험으로 나는 알게 되었다. 우리는 조급함으로 자신을 파괴한다는 사실을."[17]

일부 관리자들은 바쁜 나날 속에서 속도를 늦출 수 있는 다양한 방법을 찾아낸다. 그리고 이렇게 속도를 늦추면서 사무실, 공장, 집, 이웃에서 일어나고 있는 일을 경험하고 관찰하고자 한다. 한 관리자는 이렇게 말했다.

"내 인생의 목표는 하루하루 속도를 늦추면서 어떻게 해야 마음을 가라앉힐 수 있을지를 알아내는 것이다."

최상의 상태를
만드는 곳으로

관리자 가운데 몇몇은 성찰을 어떤 방식으로든 자연을 조용히 관찰하고 경험하는 것으로 정의했다. 이는 오랜 역사에 걸쳐 오늘날까지 이어져 오는, 대부분 사람들이 이용하는 성찰 방식이다. 이것은 잠시 동안 마음을 자유롭게 놓아주는 방법이지만, 반추나 멘탈 미앤더링보다 더 단순하고 쉽게 접근할 수 있다.

자연의 경험이 사색에 필요한 마음 상태를 만들어주는 것은 놀라운 일이 아니다. 심리학자, 생물학자, 그리고 자연주의자들은 이 현상을 설명하기 위해 바이오필리아biophilia(녹색갈증)*라는 용어를 사용한다. 우리의 고대 조상들은 자연과 가까운 곳에서 살며 진화했으며 아마도 우리에게 자연과 다양한 형태의 생명을 경험하려는 천성을 물려주었을 것이다.[18] 이것은 예를 들어 어떻게 반려동물이 우리의 삶과 건강을 증진시키고, 왜 창문을 내다볼 수 있는 병원의 환자들이 그렇지 않은 병원의 환자들보다 회복력이 더 빠른지를 설명해줄 것이다.[19]

우리는 굳이 숲에서 하루 동안 하이킹을 할 필요 없이 다양한 방법으로 자연에 의지할 수 있다. 아주 간단한 방법으로는 잠시 하던 일을 내려놓고 쉬면서 컴퓨터 화면의 아름다운 풍경 사진이나 실내 식물 또는 벽에 걸린 그림을 바라보는 것이다. 한 관리자는 가끔씩 책상에서 일어나 창문으로 걸어간 뒤 근처에 있는 작은 나무를 바라보며 1,2분 정도 보낸다고 말했다. 어떤 관리자들은 직장에서 잠깐씩 시간을 내어 산책을 하곤 했다. 또 한 관리자는 밤이면 뜨거운 물에 몸을 담그고 혼자만의 시간을 보내려고 노력했다. 그는 특히 별들을 가로지르며 움직이는 인공위성을 바라보는 것을 좋아했는데, 아버지가 미국 최초의 우주 비행사였기

• 자연을 좋아하는 생명체의 본질적이고 유전적인 소양을 일컫는다.

때문이다.

자연에 의지하기는 사실 생각만큼 쉬운 일이 아니다. 특히 정말로 열심히 일해야 한다고 느낄 때는 더욱 그렇다. 한 관리자는 농부인 아버지의 말을 인용해 "밖에서 산책을 하며 고개를 들어 하늘을 올려다볼 수 있는 사람이 너무 적다"라고 말했다. 이런 종류의 다운시프팅은 약간의 시간과 노력이 들며 일시적인 일정 조정이 필요할 수도 있다. 관리자 두 사람은 주말이면 으레 커피나 와인 한 잔을 들고 밖으로 나가 그냥 앉아 있는다고 말했다. 다른 관리자들은 가끔 산책을 하려고 의식적으로 노력했다. 한 관리자는 이렇게 말했다.

"나는 종종 혼자 골프를 치러 나간다. 여름에는 5시 즈음 나가기도 한다. 골프는 매우 사색적인 운동으로 이것은 일종의 선^禪이다."

그러나 이렇게 단순히 자연을 경험하는 일이 실제로 성찰일까? 아니면 단지 시간을 보내는 즐거운 방법일 뿐일까? 이 질문에 대한 답은 '아니요'이다. 긴 역사를 살펴봐도 이 사실을 분명히 알 수 있다. 예를 들어, 이그나티우스 데 로욜라는《영신 수련》에서 군인으로서의 자신의 젊은 시절을 성찰한다. 이 책은 4주 동안 진행되는 영성 수련 계획을 상세하고 포괄적으로 보여준다. 수련의 목표는 분석을 하거나 교훈을 얻어내는 것이 아니었다. 그저 경이로움의 감정을 느끼는 것이 중요했다. 이그나티우스의 전기 작가는 이렇게 기록했다.

"그는 하늘과 별과 바다를 바라보는 것에서 가장 큰 위안을 얻었다. 그는 자주, 때로는 꽤 오랜 시간 이렇게 했다."[20]

예수회 사제이자 시인 제라드 맨리 홉킨스는 "세상은 신의 장엄함으로 가득 차 있다"[21]라고 말하면서 이그나티우스의 폭넓은 시각을 한마디로 요약했다.

진지하고 실천적인 행동가였던 마르쿠스 아우렐리우스는 바쁜 일과 속에서 시간을 내어 자연계를 바라볼 때 자신과 자신의 삶에 대한 이해가 더 깊어진다고 말했다.[22] 《명상록》에서 아우렐리우스는 우주에 대한 경외감을 자주 표현하며, 이렇게 사색했다.

"모든 존재에서 당신이 얼마나 작은 부분인지, 당신에게 주어진 시간이 얼마나 짧고 순식간인지, 우주의 운명 속에서 당신이 하는 역할이 얼마나 작은지 생각해보라. 이런 생각을 곰곰이 하면 당신의 마음을 어지르는(그리고 오직 당신의 마음에만 있는) 쓰레기를 버리고 당신의 자리를 청소할 수 있다."[23]

오늘의 축하를 생각하라

열 번 정도 인터뷰를 진행하자 성찰에 대한 특이한 접근법이 드러났다. 한 전직 관리자는 그 중요성에 대해 긴급하게 말했다. 그는 오늘날 사람들이 이른바 '지속적인 개선의 정신감옥'에서 벗어날 방법이 필요하다고 주장했다. 이것은 일본의 가이젠kaizen* 활동을 언급한 것이었는데, '노력하고, 노력하고, 노력하라'라는 원칙을 지니고 있는 가이젠의 기본 생각은 작업 개선을 위한 끝이 없는 지속적인 탐색이다.

---

* 도요타자동차가 1980~1990년대 도입한 생산성 혁신운동을 말한다.

자신과 동료를 위한 그의 해독제는 가끔 축하할 시간을 만드는 것이었다. 그는 이렇게 말했다.

"축하할 거리는 많다. 달성한 고객의 수를 축하하거나 아니면 그냥 '우리가 이번에 이만큼 달성했는데 정말 잘했다'라고 말하면 된다."

그의 생각처럼, 축하란 그저 무언가 잘된 일에 주의를 기울이고 그 경험을 즐기는 것뿐이었다. 개인적인 자기 계발이 필요하지 않았고, 성공의 비결이 무엇인지 분석하거나 다음 단계를 계획하는 일은 필요하지 않았다. 그는 한 그룹에게 축하가 갖는 의미에 대해 이렇게 말했다.

"서류를 보면서 '와, 우리가 해냈어'라고 말하는 것이고, 한 개인에게는 '봐, 내가 시작하기 전에는 이랬는데, 다 하고 나니까 이렇잖아' 하고 만족하는 것이다."

꼼꼼하고 생산적인 성향의 한 종교 지도자는 축하하는 접근법을 지지하며 종교적 맥락에서 이렇게 말했다.

"나는 모르몬교의 전통은 힘들고 고통스러운 삶에서 자신이 받은 축복에 감사하는 것이라고 생각한다. 그리고 나는 지금 그것을 여러분에게 설교하고 있다."

그리고 나서 그는 미소를 지으며 이렇게 덧붙였다.

"내가 새로운 교회를 개척하면 가장 중요시할 일은 우리가 받은 축복에 감사하는 일이 될 것이다. 거기에는 재론의 여지가 전혀 없다."

축하는 성찰이라는 생각이 들지 않을 수도 있다. 왜냐하면 우리는 성찰이 일반적으로 인생의 중요한 질문과 인생의 심오한 측면에 초점을 맞춘 진지한 일이라고 생각하기 때문이다. 18세기 영국의 전기 작가인 제임스 보즈웰은 자신의 절친한 친구이자 영국 문학의 거장 새뮤얼 존슨의 전기를 썼다. 여기에서 그는 인생에 대해 진지하게 성찰하는 것과 축하하는 것 사이의 갈등을 존슨의 옛 친구의 말을 인용해 이렇게 썼다.

"자네는 철학자야, 존슨 박사. 나도 철학자가 되려고 노력했지만, 난 왜 언제나 즐거운 기분이 끼어드는지 모르겠네."[24]

우리의 마음은 자연스럽게 '즐거운 기분'에서 벗어나 문제, 위협, 어려움, 그리고 그것들을 해결하는 방법으로 돌아가고자 한다. 이러한 본능이 인류가 살아남는 데에 도움을 주었기 때문일 것이다. 몽테뉴가 우리의 '흥을 깨는 고약한 마음'을 언급했을 때 그도 이러한 경향을 갖고 있었다.[25] 심리학자들은 오늘날 이것을

'비대칭적인 부정적 편견asymmetric negative bias'이라고 부른다.[26] 이것은 자신이 정해놓은 높은 기준에 못 미친다고 느끼는 사람들, 자신이 하고 있는 일과 이루어 놓은 일을 모두 인정하지 못하는 사람들을 지나치게 폄하하는 말일지도 모른다.

정신분석학자 아담 필립스가 최근에 "우리는 축하가 비판보다 덜 의심스러운 세상을 상상해야 한다"라고 언급한 것도 이 때문이다.[27]

인터뷰는 전반적인 가이드라인과 더불어 다운시프팅과 축하를 위한 간단하고 일상적인 방법들을 보여줬다. 축하는 파티나 축제를 의미하지 않으며 단순히 조용한 감상의 순간일 수 있다. 예를 들어 한 관리자는 대학 동창회를 이렇게 묘사했다.

"우리는 그저 앉아서 우리가 어떻게 살았는지에 대해 이야기하는 것이 아니었다. 내용은 문제가 되지 않았다. 중요한 것은 우리가 진정으로 소중하게 여기는 옛 추억과 과거가 있다는 사실을 아는 것뿐이었다. 내 과거가 바로 거기에 있었다. 일종의 평화가 거기에 있었다. 동창회는 정말 만족스러웠다."

또 한 관리자는 일요일 저녁이면 잠자리에 들기 전 10분 정도 아내와 지난 일을 이야기하거나 서로 공유하고 싶은 순간들을 찍은 사진을 본다고 말했다.

어떠한 인터뷰에서는 감사의 순간을 그날의 일과에 끼워 넣는 방법을 발견할 수 있었다. 한 관리자는 변호사와 만남을 준비하기 위해 아버지의 유서를 다시 읽어보았다. 그는 유서에서 아버지가 손자와 몇몇 친구들에게 남겨줄 금액을 얼마나 신중하고 사려 깊게 나누었는지를 알 수 있었다. 이것은 돈이 아니라 시간과 관심에서 나오는 아버지의 관대함을 일깨워줬다. 이를 깨닫는 데는 1,2분 정도가 걸렸을지 모르지만, 이 깨달음은 사무적이고 형식적인 행위에 불과했을 일을 인생의 소중한 순간으로 바꾸어 놓았다.

종교가 있는 몇몇 관리자들에게 짧은 기도는 감사의 마음을 표현하는 방법이었다. 예를 들어, 은퇴한 한 인사부 관리자는 "일주일에 한 번씩 감사 편지를 쓰고 기도를 드렸는데, 나는 내가 무엇을 감사하는지 하나님께 꼭 말씀드렸다"라고 말했다. 독실한 한 젊은 관리자는 "하나님을 부르고, 무엇에 감사하는지를 말하면 되는 겁니다"라고 간단하게 말했다. 한 여성은 "나는 신께 기도도

드리지만, 주변 사람들과 내 아들 토드에게 내가 받은 기회에 감사하다고 말하는 것도 중요하다고 생각한다"라고 이야기했다.

또 다른 일상적인 접근법으로는 여러 형태의 글쓰기가 있다. 한 관리자는 "내게는 사실 코치가 준 일기가 있는데, 이것은 감사 일기로, 무엇에 감사하는지 말하는 연습을 위한 것이다"라고 말했다. 이 젊은 관리자는 불릿 저널링bullet journaling* 접근법을 사용했다.

"나는 매일 내가 감사하는 무언가에 대해 기록하려고 노력한다. 그것이 일이든, 사람이든, 초콜릿이든 그저 나 자신에게 내가 삶 속에 존재하고 있음을 상기시키고, 또 여러 가지 일에 감사하기 위해서다."

또 하나의 간단한 전략은 현재 실리콘밸리에서 유수의 벤처 캐피탈 회사를 운영하는 마크 앤드리슨이 추천하는 방법이다. 앤드리슨은 '반 투두 리스트anti to do list'를 적는다. 이는 해야 할 일 대

---

* 형태에 구애받지 않으며 사용자가 누구냐에 따라 모양과 구성이 달라지는 일기 작성 방법을 말한다.

신에 이미 완료한 일을 적은 목록으로, 그가 주간에 하는 모든 일의 진행 상황을 보여준다. 그는 이 목록이 성취감과 자신감을 주고, 그의 일과에서 많은 과제와 도전을 끝까지 해내는 동기를 부여한다고 말한다.[28]

마지막으로, 만일 좀 더 진지한 일기를 쓰고 싶다면, 여러 접근법을 실험해보고 자신에게 맞는 방법을 스스로 만들어낼 수도 있다. 예를 들어 한 관리자는 일기장을 두 권 마련하여 때에 따라 각각의 일기장에 기록한다. 한 권에는 그녀가 앞으로 성취하고 싶은 것을 계획하고 적는다. 다른 한 권에는 그녀만의 '버킷 리스트'를 적었지만 죽기 전에 가야 할 곳이나 해야 할 일의 목록은 아니었다. 이 목록은 그녀가 회상하고 다시 경험하고 싶은 순간들을 뒤돌아보고 포착하기 위한 것이었다. 그녀는 이렇게 말했다.

"이 순간들은 나에게 대단한 의미가 있기에 반드시 기록해야 했다. 믿어지지 않던 순간들을 기억하고 싶었고, 내가 느꼈던 감정을 잊고 싶지 않았다. 그것은 내가 뉴욕 증권거래소에서 버저를 누를 때 같은 순간이 아니다. 아이가 첫 생일에 케이크에 얼굴을 파묻었을 때, 아침에 깨어나 보니 눈이 내리고 아무

할 일도 없었을 때처럼 내가 세상에서 가장 행복한 사람인 양 느꼈던 순간이다. 정말 볼을 꼬집어볼 정도로 믿기지 않는 순간들이다."

축하는 여러 다른 형태를 취할 수 있다. 중요한 것은 일상생활에 끼워 넣을 수 있는 접근법을 실험하고 찾는 것이다.

속도를 늦출수록
삶은 강해진다

속도를 늦추고 잠시 사색하는 방법은 여러 가지 종류가 있지만 주제는 모두 동일하다. 월트디즈니가 제작한 〈이상한 나라의 앨리스〉에서 언제나 늦고 산만한 '화이트 래빗'은 자신이 따라야 할 충고를 앨리스에게 한다.

"그냥 아무것도 하지 말고, 거기 서 있어."[29]

이 말은 이제 우리에게 친숙한 표현이 되었다. 하지만 실제로 아무것도 하지 않기란 쉬운 일이 아니다. 우리가 실제로 멈춰 서거나 잠시 속도를 늦추려 할 때 작은 목소리가 우리에게 시간을 낭비해서는 안 된다고 규칙적으로 속삭인다. 또한 잠시 멈추었을 때 우리의 정신 엔진이 배경음처럼 윙윙 돌아가는 소리를 들을 수 있다. 하지만 이 압력에 굴복한다면 경험의 깊이를 놓치는 대가가 따르게 된다. 시간이 흐르면서 우리는 결국 삶을 살아가기보다는 관리하고 분석하게 되는 것이다.

멘탈 미앤더링, 다운시프팅, 자연에 의지하기, 축하하기는 우리를 끊임없이 폭격하는 자극을 어느 정도 걸러내게 한다. 이 접근법들은 근본적으로 경험의 깊이를 제공하고, 삶의 많은 부분이 고도로 생산적인 몽롱함 속에서 흘러가지 못하도록 막는 방법들이다.

어느 순간 몽테뉴는 자기 삶의 종말이 새해라고 믿으면서 이렇게 썼다.

"나는 내 삶의 무게를 늘리려고 한다. 나는 재빨리 날아가는 내 삶을 더 빠른 속도로 움켜쥐려고 한다. …… 내 삶의 소유가 짧을수록, 나는 그것을 더 깊고 충만하게 만들어야 한다."[30]

하지만 이렇게 하는 것은 어렵고 노력이 필요하다. 《여행하지 않을 자유: 우리가 잃어버린 고요함을 찾아서The Art of Stillness》에서 수필가 피코 아이어는 "물론 싸움에서 벗어나려면 용기가 필요하다"[31]라고 말했다. 고요한 사색의 시간을 찾기 위해서는 세심한 주의가 필요한데, '사색적인 쉼'을 실제 일상생활에 끼워 넣는 방법을 찾아서 지속 가능하고 '적당히 괜찮은' 방법으로 실천할 수 있어야 하기 때문이다. 가장 효과적인 접근법은 자신이 즐길 수 있는 방법이다. 그래야 성찰의 장애물을 낮출 수 있다.

고요한 사색의 순간은 그 자체로 중요하지만, 다른 면에서도 중요하다. 이런 사색적인 쉼은 우리의 마음을 고요하게 함으로써 또 다른 중요한 성찰의 길, 즉 삶의 정말 어려운 문제에서 우리가 진전을 이루도록 도와줄 길을 열어준다.

PART 4

인생의 중요한 문제에 대하여

네 가지의 길

"인간의 일생은 그가 생각한 대로 된다."

마르쿠스 아우렐리우스Marcus Aurelius Antoninus

누구나 주변에서 일어난 문제에 대해 사려 깊이 판단하고, 복잡한 상황을 다루는 데 탁월한 사람을 한 명쯤은 알고 있을 것이다. 그들이 뛰어난 것은 대부분 '숙고pondering'로 대표되는 기본적인 성찰의 기술이 남다르기 때문이다. 숙고는 일과 개인적인 문제에서 더 깊은 이해와 통찰력, 창의력, 그리고 더 나은 의사결정으로 가는 문을 열어준다.

숙고란 무엇인가? 새로운 일자리를 놓고 심각하게 고민하던 한 관리자와의 인터뷰에서 그 답을 어느 정도 찾을 수 있다. 사생활

보호를 위해 그를 마테오라고 부르자. 그는 뉴욕의 한 금융회사에서 첫 직장생활을 시작했고, 그곳에서 15년간을 근무했다. 그후 진로를 크게 바꾸어 큰 병원에서 재무 책임자로 일하면서 출장이 줄어들어 더 많은 시간을 가족과 보낼 수 있었다. 그런데 최근 마테오는 자신이 나고 자랐으며 연로한 아버지가 계시는 남미 국가의 재무부에서 선임고문으로 일해 달라는 요청을 받았다. 그는 어떻게 할지 고민하며 성찰하던 때를 이렇게 얘기했다.

"돌아오는 비행기 안에서 나는 다른 일에 신경 쓰지 않고 오롯이 나 자신에게 집중할 수 있었다. …… 나는 더 많은 정보가 필요했다. 재무부는 무슨 일을 하는 곳이고, 내가 일할 곳은 어디이며, 그 일은 무엇인가? 나는 여러 가지로 알아봐야 할 것이 많았다. 그 자리는 유동적인 정치 세계를 살펴야 하는 곳인데, 그게 무엇을 의미할까? 정부는 늘 바뀌기 마련이다. 내가 이런 곳에서 잘할 수 있을까, 또 내가 이 일을 좋아하게 될까? 전반적인 생활 방식도 문제가 된다. 나는 하루 종일 회의해야 하는 생활로 돌아가고 싶은가? 이 일은 흥미롭고 활력을 줄 것이며, 또 나는 총리와도 직접 소통하게 될 것이다. 하지만 내가 이미

누리고 있는 것과 누리게 될 것을 저울질해봐야 하는데, 최종 결정을 위한 저울 바늘은 이쪽저쪽으로 왔다 갔다 한다.

나는 내 삶에 대해 성찰하기 시작했다. 사실 나는 여기가 좋다. 내가 하는 일을 사랑하고, 이 일을 점점 더 잘하고 있다고 생각한다. 여기에서 많은 것을 배웠고 지적으로 성장했다. 나에게는 아주 좋은 경험이었고, 아이들이 대학에 가면서 이 일에 훨씬 더 전념할 수 있었다.

또한 나에겐 장기적인 계획이 있는데, 나이가 더 들면 무엇을 해야 할지에 대한 문제다. 이 새로운 일에는 고귀한 가치가 있다고 생각한다. 아주 중요한 문제는 아버지가 90세의 고령이라는 사실이다. 나는 아버지에게 시간이 얼마나 남아 있을지, 그리고 남은 시간 내가 아버지와 더 많은 시간을 보내야 하지 않을까를 생각한다."

숙고하는 것이 무엇인지 이해하려면 마테오가 하지 않은 것을 주목하라. 그는 자신의 상황을 분석하고 정답을 찾거나 결정을 내리려고 하지 않았다. 대신에 광범위한 관점에서 검토함으로써 유연하고 개방적인 방식으로 자신의 결정에 대해 생각하고 있었다. 마테오는 자신의 결정을 다섯 가지 또는 열 가지 각도에서 바라보고 있었고, 이러한 각각의 관점에 대해 자신이 어떻게 느끼는지도 알아차리고 있었다.

이것이 숙고의 본질이다. 어떤 사안이나 문제를 몇 번이고 되짚어가며 다양한 관점에서 바라보고 정말 중요한 것이 무엇인지 파악하는 일이다. 숙고는 어려운 문제에는 여러 다른 측면이 있고, 각각의 측면은 적어도 어느 정도 고려할 가치가 있다는 가정에서 출발한다. 따라서 빠른 판단을 하는 대신에, 다양한 가능성을 검토하고 그것을 찾아야 한다. 또한 숙고는 영국 시인 존 키츠가 '부정적 수용 능력negative capability'이라고 말하는 것, 즉 사실이나 이성을 성급하게 쫓는 대신 불확실성, 불가사의함, 의구심의 상태에 머물 수 있는 능력을 필요로 한다.[1]

어떤 문제나 질문을 다양한 관점에서 바라보는 것은 쉬워 보일지 모르지만, 사실 그렇지 않다. 우리는 흔히 빠르고 본능적이며 확정적인 반응이나 대답으로 복잡한 상황에 대응한다. 더 나쁜 것은, 우리가 자주 최초 입장을 끈덕지게 고수한다는 사실이다. 그런데 이러한 경향은 단지 나쁜 습관일 뿐 아니라, 이렇게 할 수밖에 없는 운명인 것처럼 보인다. 대니얼 카너먼의 저서《생각에 관한 생각Thinking, Fast and Slow》은 광범위한 실험과 실제 사례를 통해 우리가 다양한 주제와 질문에 대해 본능적으로 빠르고 단호하게 확신한다는 사실을 보여준다.[2] 숙고와 비슷한 개념인 '느린 사고'는 다윈의 이론과는 다른 우리의 생물학적 및 진화론적 예외 사항이다.

많은 관리자가 숙고의 중요성과 어려움을 이해하고 있었고, 자신의 관점을 넓히고 바꿀 수 있는 다양한 방법을 찾아가고 있었다. 오랜 역사에서 대다수의 주요 인물들 역시 이 문제를 다루는 방법들을 개발했다. 인터뷰와 고전 작품들은 우리에게 어떤 사안이나 문제를 숙고하고 깊이 이해할 수 있는 네 가지 기본 전략을 제시한다.

하나의 길에서 돌아서다

숙고하는 시간을 갖고 싶다면, 첫 번째 단계는 자신의 사고방식을 바꾸는 것이다. 이것이 실제로 무엇을 의미하는지 알 수 있는 좋은 방법은 성찰에 관한 가장 중요한 고전 작품인 몽테뉴의 《수상록Essays》을 간략히 살펴보는 것이다.

몽테뉴는 16세기 프랑스 남서부에서 살았다. 그는 나이 마흔에 자신의 삶이 막바지에 이르렀다고 믿고 은퇴했지만, 30년을 더 살았다. 이 기간 몽테뉴는 자신의 대가족이 소유한 포도원을 관리하고, 보르도 시장으로 두 번의 임기를 보냈으며, 프랑스 왕을 위해 외교 임무를 맡기도 했다. 이때 프랑스는 종교 분열의 골이

깊었고, 잦은 종교 폭력이 일어나던 시기였다.[3] 몽테뉴는 왕성한 활동을 벌이며 격동의 시기를 보냈지만, 그 와중에 자기반성과 성찰에 관한 걸작품《수상록》을 집필했다.

《수상록》은 글자 자체로는 '반영reflection'을 의미한다. 몽테뉴는 자신이 쓰고 있는 글이 하찮은 일상의 짜증스러운 일이건 삶의 심오한 측면이건, 자신의 마음속을 지나가는 어떤 인상, 생각, 감정을 반영하기를 바랐다. 몽테뉴는 어떤 문제나 주제에 대해 '진리'를 발견했다고 선언하는 일이 거의 없었다. 대신에 그는 겸손함을 주장하면서 다음과 같이 썼다.

"자만심presumption은 우리가 타고난 본래의 질병이다. 인간은 모든 생명체 중에서 가장 가련하고 연약하며, 동시에 가장 오만하다. 인간은 자신이 여기 이 세상의 흙과 오물 속에 박혀 있는 것을 느끼고 본다 …… 그러고도 그의 상상 속에서는 달의 궤도 위에 올라서 하늘을 자기 발밑으로 끌어내리고 있다."[4]

몽테뉴의 겸손함은 그가 목에 걸고 다녔던 작은 메달에서도 드러났다. 메달에는 '크세주Que sais-je?', 즉 '나는 무엇을 알고 있는가?'[5]라는 질문이 새겨져 있었다. 몽테뉴의 호기심은 끝이 없었다. 그는 아주 방대한 범위의 주제를 연구하고 성찰했다. 그의 에세이에는 '엄지손가락에 대하여', '식인종에 대하여', '경험에 대하여', '역마차에 대하여', '잔인성에 대하여' 그리고 '옷 입는 습관에 대하여' 등의 글이 실려 있다.

몽테뉴의 호기심과 겸손함은 그가 어떤 주제에 대해 새로운 관점으로 생각할 때, 그의 장난기와 어우러져 나타난다. 그는 한 에세이에서 동물의 내면에 대해 곰곰이 생각하면서 "내가 고양이와 놀아줄 때, 고양이는 나만큼 즐겁지 않은지 누가 알겠는가?"[6]라고 묻는다.

많은 훌륭한 일기에서 이와 비슷한 생각들을 읽을 수 있다. 안네 프랑크의 일기에는 몽테뉴의 에세이에 나타나는 장난기는 아니지만(그녀와 가족이 겪고 있던 암울하고 위험한 시련을 생각하면 당연한 일일 것이다) 가족들의 사소한 행동과 그 행동에 대한 그녀의 반응이 자주 묘사되어 있다. 프랑크는 그들의 성격을 여러 측면에서 돌아봄으로써 그들을 이해하려고 노력하고 있다. 데이비드 릴리엔솔도 비슷한 접근법을 따랐다. 그는 여러 편의 일기에서 사람, 만남, 또는 사건에 대해 기술하고 있다. 그는 단지 몇 분 동안 여러 각도에서 그것을 바라보다가 넘어간다.

우리는 사고방식을 어떻게 바꿀 수 있을까? 한 매니저는 독특한 방법을 썼다. 그의 사무실에는 화이트보드가 있었다. 정말 무언가를 곰곰이 생각해보고 싶을 때 그는 책상에서 일어나 사무실을 돌아다니다가 화이트보드로 향했다. 그는 여러 색깔의 마커를 집어 들고 화이트보드에 끄적거리며 간단한 도표를 그리거나 몇 가지 단어를 쓴 다음, 다시 조금 더 서성거렸다.

이 방법에는 두 가지 교훈이 담겨 있다. 첫 번째 교훈은 정신 및 육체적으로 뒤로 물러나는 것의 중요성이다. 책상에서 일어나 컴퓨터 화면에서 벗어나고, 또 화이트보드에 무언가를 끄적거리면서, 그는 한 벤처투자가가 CEO들에게 책상에 발을 올리고 창밖을 내다보라고 한 조언을 자신의 버전으로 바꾸어 따르고 있었다. 사고방식을 바꾸려면 우리 신체에 변화가 요구된다.

두 번째 교훈은 '낙서'와 관련 있다. 이 관리자는 정답을 찾거나 철저한 분석을 하는 데 몰입하지 않았다. 그는 그림을 그리고 여러 색을 칠하면서 자신의 문제에 대해 생각하고 있었다. 이것이 바로 쉴 새 없이 업무를 처리해야 하는 '생산성 숭배'라는 장애물을 잠시 벗어나는 그의 방식이었다.

또 한 관리자는 화이트보드 대신 종이에 이와 비슷한 방법을 사용했다. 그는 자신의 머릿속에서 맴도는 모든 것을 표현하는, 거의 해독이 불가능한 글과 그림을 쓰고 그렸다. 두 관리자는 모두 자신도 모르는 사이에 "창의력을 자극하려면 아이 같은 놀이 성향을 키워야 한다"라는 알베르트 아인슈타인의 말을 따르고 있었다.

몽테뉴가 그의 명저에 '에세이'란 제목을 붙였을 때, 그는 이 제목을 당시 16세기적인 의미에서 사용하고 있었다. 그에게 에세이는 짧은 설명문이 아니라 시험과 시도였다.

"우리 모두는 자기 안으로 웅크려 자기 자신에게 집중하고 있어서, 우리의 시야는 코의 길이로 줄어든다."[7]

몽테뉴에게 에세이란 그가 기술한 공통적인 인간의 성향과 싸우는 자신만의 방식이었다. 하나하나의 주제에서 그는 다양한 아이디어를 시험해보고, 그것들로부터 자신이 무엇을 배울 수 있는지 살폈으며, 그것들의 복잡성을 파악하고자 했다. 숙고는 이러한 종류의 성찰이다. 숙고는 어떤 사안이나 상황을 만화경 속의 이미지로 간주한 다음 튜브를 비틀어 나오는 새로운 패턴과 조합에서 무엇을 배울 수 있는지 보는 것이다.

흔들리지 않는
중심 질문을 던져라

숙고는 태양계와 유사하다. 그 중심에는 마테오가 새 직장 제의를 수락하느냐와 같은 질문 혹은 고민이 있다. 그리고 그 주위를 다양한 생각, 감정, 직관, 인상이 돈다. 중심 질문 또는 고민의 중력은 우리의 생각이 궤도를 이탈하지 못하게 막아줄 것이다. 그러나 실제로 중심 질문에서 벗어나지 않으면서 숙고하는 것은 어려운 일이다. 왜냐하면 어떤 질문이나 문제를 숙고하려고 할 때 우리는 두 가지 어려움에 맞닥뜨리기 때문이다.

하나는 우리가 숙고하려는 질문이나 문제에 오랫동안 집중하기가 쉽지 않다는 사실이다. 우리는 새로운 관점을 찾기 위해 우리의 마음이 널리 돌아다니도록 내버려 두고 싶지만, 무언가가 나타나(강렬한 인상이나 흥미로운 아이디어, 또는 격한 감정) 우리의 주의를 빼앗아 갈 위험이 있다. 이것은 안절부절못하고 갈팡질팡하는 우리 마음에서 비롯되는 모든 성찰의 장애물이다.

또 하나의 어려움은 새로운 관점을 만들어내는 문제이다. 우리의 생각과 감정은 길이 잘 든 홈과 바퀴 자국을 따라 흐르기 쉽기 때문이다.

이 두 가지 문제를 해결하는 한 가지 방법은 자신에게 몇 가지 질문을 던지고 각각의 질문에 몇 분 동안 대답하는 것이다. 이 질문은 우리가 자신의 중심 관심사에 집중하면서 동시에 자신의 관점을 넓히는 데 도움을 주는 정신적인 지주 역할을 한다.

예를 들어 우리는 숙고하고 있는 어떤 것의 중요한 측면을 생생하고 구체적인 시각적 이미지로 상상하도록 스스로에게 요청할 수 있다. 마테오는 새로운 직장에 대해 고심할 때 이렇게 했다. 그의 말을 들어보자.

"이것은 단지 분석적인 생각만은 아니었다. 나는 완전히 새로운 직책에 나 자신을 투영하고 있었다. 그 예로 나는 수도에 위치한 부동산을 알아보고 내가 살 수 있는 것이 무엇인지 물었다. …… 그렇게 함으로써 내 계획은 현실에 가까워졌다. 나는 주말을 어떻게 보내고, 만나게 될 사람들과 음식, 생활방식 등 모든 것을 생각해보기 시작했다. 그것은 마치 마음속에 조그만 영상을 보면서 '이건 하고 싶지만 저건 하고 싶지 않다'라고 결정하는 것 같았다."

마테오는 실현 가능한 앞으로의 모습을 생생하고 구체적으로 그려보았다. 이는 수 세기 전부터 행해져 온 성찰의 한 기법이다. 우리는 생각할 수 있는 능력 때문에 하나의 종種으로 살아남았으며, 또 그 때문에 '호모 사피엔스homo sapiens'라고 불린다. 하지만 우리는 또한 결정을 내릴 때 실현 가능한 미래를 상상하고 그것을 고려하는 '호모 프로스펙투스homo prospectus'이기도 하다.[8] 이러한 머릿속 영상은 새로운 반응, 사고, 감정을 이끌어낼 수 있으므로 상황과 문제에 대한 우리의 이해를 심화시킨다.

또 하나의 중심 질문은 우리가 피하려고 하는 특정 관점(특히 어떤 감정)이 있는지를 묻는 것이다. 이 질문은 성찰의 주요 장애물

중 하나, 즉 특정 방향으로 바라보는 관점이 불편한 생각과 감정을 불러올 수 있기에 이를 직감적으로 꺼리는 성향을 다루는 방법이다. 한 관리자는 이렇게 말했다.

"나는 가끔 내가 뭔가를 놓치고 있다거나 아직 알아차리지 못하거나 알아차리고 싶지 않은 것이 있다는 느낌이 들 때가 있다. 또는 그냥 내가 아직 모르는 중요한 정보가 있다는 느낌이 들 때가 있다. 내 사고가 아주 얕다는 생각이 든다. 나는 거미줄에 다리를 쭉 걸쳐놓고 파리가 어디 있는지 찾느라 애쓰며 조그만 거미줄이 흔들리기를 기다리는 거미 같다."

마테오의 경우, 그러한 감정들이 그의 아버지가 연로하시다는 사실에 집중되었다. 아버지의 죽음, 그리고 어쩌면 자신의 죽음에 대한 생각이 마테오의 의식 가장자리를 맴돌고 있었다.

이처럼 그 정체가 숨어 있는 걱정거리를 대하는 좋은 방법은 어떻게든 자신이 편안함을 느끼는 방식으로 뒤로 물러나 보는 것이다. 잠시 속도를 늦추고 자신의 감정이 스스로 나오게끔 내버려 둔다. 한 관리자의 말이다.

"성찰의 대부분은 그것이 어떤 것이든지 자신의 감정에 귀를 기울이고 받아들이는 것이다. 나는 우리가 너무 자주 논리에 또 머리가 하는 일에만 집중한다고 생각한다."

또 다른 가치 있는 중심 질문은 우리가 진정으로 존경하는 사람이 우리가 숙고하고 있는 문제나 상황에 대해 어떻게 생각하고 느끼는지 물어보는 것이다. 몇몇 관리자들은 부모님이 이 역할을 한다고 말했다. 다른 관리자들은 자신이 존경하는 지도자들의 반응을 상상했고, 또 다른 관리자들은 종교적 혹은 영적인 인물을 찾았다.

WWJD, 즉 "예수라면 어떻게 할까What would Jesus do"를 뜻하는 글자가 새겨진 이 팔찌는 이러한 방식의 대표적인 버전이다. 이 팔찌들은 가령 '예수'를 유명 인사나 악명 높은 범죄자의 이름으로 바꾸어 패러디되기도 했다. 역사적으로 많은 인물들도 이 접근법을 활용하여 성찰의 시간을 보냈다. 마르쿠스 아우렐리우스는 성찰을 할 때, 때때로 스토아학파 철학자 에픽테토스의 견해에서 도움을 받았다. 몽테뉴는 때때로 아버지의 생각과 일화 그리고 그가 잘 아는 고대 그리스와 로마 시대의 중요 작가들로부터 도움을 얻었다.

이 질문의 또 다른 버전은 미래 자신의 관점을 파악하려고 노력하는 것이다. 마테오는 이렇게 말했다.

"어느 순간 우리가 남기게 될 것에 대해 생각해야 한다. 내일 세상을 떠난다면 어떻게 할 것인가? 사람들이 우리에 대해 뭐라고 할까?"

이 질문의 낙관적인 버전은 우리의 지속적인 열망과 기준의 관점에서 문제를 보라고 요구한다. 반면에 또 다른 버전은 어두운 접근법이다. 마테오는 자신이 남기게 될 것, 즉 자신의 죽음의 맥락에서 질문한다. 이 두 버전 모두 우리의 관점을 결과물과 생산성에 대한 집착에서 더 깊고 장기적인 관심사로 바꾸어 놓는다.

본질과 만나는
자신과의 대화

　　어떤 관리자들은 어려운 문제를 특이한 방법으로 숙고했다. 한 관리자는 "나는 혼잣말을 자주 하는데, 그럴 때면 이마가 찡그려진다"라고 말했다. 또 한 관리자는 "나에게 최고의 대화는 나 자신과 나누는 대화이다"라고 얘기했다. 다만 혼잣말은 다른 사람들이 주위에 없을 때 하는 게 좋을 것이다.

　서구에서 가장 오래되고 영향력 있는 숙고의 예를 찾아보면 '소크라테스 대화법'을 발견할 수 있다. 소크라테스 대화법이란 정치, 지식, 인생이라는 가장 심오한 주제에 대해 질문과 관점을 계속해서 주고받는 대화법이다. 이것은 복잡하고 중요한 문제에 대한 일련의 관점을 다양화하고 검토함으로써 더 깊은 이해를 얻고자 하는 모델(아마도 완벽한 모델)이다.

《명상록》에는 몇 페이지마다 마르쿠스 아우렐리우스가 혼잣말하는 대목이 나오는데, 그것은 그가 일부 관리자들이 그랬던 것처럼 관찰과 훈계의 형태로 자신에게 말하는 것이었다. 학자들 중에는 《명상록》의 특정 부분에서 아우렐리우스가 다른 사람과 실제로 이야기를 나누고 있거나, 다른 사람이 실제로 있다고 상상하고 말하는 것으로 보는 이들도 있다.[9]

많은 종교적 전통에서 기도는 신과 대화하는 형식을 취한다. 기도할 때 '자신과 대화를 나누었다'라고 말하는 관리자들도 있었는데, 그것은 그들이 신과 이야기를 나누고 있다는 의미였다. 그들은 신이 때때로 자신에게 응답했는데, 말을 통해서가 아니라 옳고 중요한 것에 대한 강한 느낌을 전달함으로써 그렇게 했다고 믿었다. 예수회의 한 신학자는 자기 교단의 접근법을 이렇게 요약했다.

"우리는 하나님과 개인적으로 관계를 맺고 있다. 이그나티우스 방식의 기도는 본질적으로 대화다."[10]

인터뷰는 자신과 대화를 나누는 몇 가지 방법을 보여주었다.

각각의 방법은 자신의 생각을 명확하게 정리하는 방식으로 사용할 수 있으며, 굳이 소리 내서 말하지 않아도 된다. 한 가지 방법은 단어 몇 개나 한두 문장으로 자신의 생각이나 감정을 말해보는 것이다. 한 관리자는 자신과의 대화가 자신이 "정말로 걱정하는 것이 무엇인지 정확히 깨닫게 해줬다"라고 말했다. 이것의 목표는 본질의 본질을 추출하는 것이다.

또 하나의 접근법은 머릿속에서 토론을 해보는 것이다. 한 관리자는 "나는 왼쪽 어깨와 오른쪽 어깨에서 천사와 악마가 자신의 의견을 속삭이는 옛 사진처럼, 전체 논의와 토론을 머릿속에서 몇 번이고 반복할 수 있다. 그리고 나서는 그것을 종이 위에 써볼 수도 있다"라고 말했다. 다른 접근법들은 더욱 자유롭다. 한 관리자는 이렇게 말했다.

"나는 질문하기 방법을 쓰는데 보통 그 질문은 몇 가지로 이어진다. 첫 번째 질문에 답하려고 하거나 그 답에 가까이 갔다고 생각할 때쯤에는 대개 두 번째 질문이 나오고, 그러면 나는 그것에 답하려고 한다. 지금 내게 일어나고 있는 일은 내 마음의 일부가 내 마음의 다른 부분을 분명하게 의심한다는 것이다."

또 하나의 방법은 자신만의 맞춤형 질문을 개발한 다음 '자신과의 대화'를 하고, 그에 대한 답을 하는 것이다. 한 관리자는 이 접근법을 다음과 같이 설명했다.

"여러 문제가 생기면 내가 하는 일은 다음과 같이 묻는 것이다. 과거에 내가 이런 문제를 겪었는가? 나는 어떻게 했는가? 그 결과 어떻게 되었는가? 과거에 내가 썼던 방법이 성공했는가, 아니면 다른 방법을 써야 하는가? 인생에서 새로운 문제란 거의 없는 법이다."

잠시 멈추고 자신과 간단한 대화를 나누는 것은 생산성 중심의 사고방식에서 벗어나는 또 하나의 방법이다. 숙고의 다른 방법과 마찬가지로, 이 방법은 우리가 어려운 문제를 더 깊이 이해하고 그것에 대한 중요한 관점을 놓치지 않도록 안내한다.

풀리지 않는 문제와
잘 지내는 법

때때로 어떤 문제를 숙고하는 좋은 방법은 그 생각을 멈추는 것이다. 이것은 일단 자신의 문제를 미루어두고 가끔씩 되돌아와 그 문제에 대한 새로운 접근 방식이 있는지 알아보는 것을 말한다. 그 문제와 함께 살아간다는 생각으로.

이것이 실제로 의미하는 바는 무엇일까? 미국의 한 대형 유통업체의 CEO는 이 질문에 다음과 같이 분명하게 답했다.

"어려운 결정을 해야 되면, 나는 하루 종일 그 문제를 가지고 다닌다. 책상에 앉아서 '이제 내가 X라는 문제를 결정하겠다'라고 말하는 사람은 없을 것이다. 나의 사고 과정은 무의식적으로 작동할지 모르지만, 내가 의도적으로 그 문제를 가지고 다니다가 이따금씩 돌아와 그 문제를 마주하는 것은 매우 의식적인 일이다."

이 임원은 중요한 사업 결정에 대해 이야기하고 있었다. 그는 때때로 며칠 혹은 더 오랜 기간 이런 결정들과 함께했는데, 그 결정이 대규모 투자나 전략 변화를 필요로 할 경우 특히 그랬다. 이 접근법은 흔히 사색적인 종교에서 말하는 주제를 반영한다는 점에서 놀랍다. 작가이자 트라피스트회 수사인 토머스 머튼은 "사색적인 삶의 이상한 규칙 중 하나는 삶 속에 앉아 문제를 해결하는 것이 아니라 문제가 어떻게든 스스로 해결될 때까지 참고 견디는 것이다"[11]라고 말했다.

어떤 사안이나 문제와 함께 살아가는 것이 특별히 가치 있는 숙고 방법인 이유는 무엇일까? 유통업체의 CEO는 자신의 무의식적 사고를 언급하면서 이에 대한 중요한 이유를 지적했다. 우리는 보통 사고가 의식적인 활동이라고 가정한다. 만일 누군가가 우리에게 무슨 생각을 하고 있는지 물어보면, 우리는 보통 그들에게 대답해줄 수 있다. 그러나 우리는 또한 무의식적으로 생각하기도 한다.

사회심리학자 티모시 윌슨은 저서《나는 왜 내가 낯설까 Strangers to Ourselves》에서 심리학과 인지신경과학에서의 최근 연구 결과를 요약하고, 우리는 각자 '적응 무의식adaptive unconscious'을 갖고 있다고 결론지었다.[12] 적응 무의식은 프로이트의 무의식과는 전혀 다른 것으로 사고와 비슷한 역할을 한다. 이것은 컴퓨터 운영 체제처럼 우리의 의식 밖에서 관찰하고 평가하고 심지어 판단을 내린다.

현대 신경과학에서 발표한 연구 결과들은 17세기 프랑스의 뛰어난 수학자이자 물리학자, 그리고 신학자인 블레즈 파스칼의 선견지명을 확인시켜준다. 파스칼은 이렇게 말했다.

"마음은 이성이 모르는 마음만의 이성이 있다."[13]

한 관리자는 이와 유사한 자신의 경험을 이렇게 설명했다.

"우리는 그럴듯한 사실과 논리로 설득하려는 똑똑한 사람들에게 휘둘리지 않는다. 우리는 성찰을 통해 자신의 본능과 가치관, 그리고 사실을 한데 모은 다음 특정 결과물을 만들어내는데, 아마도 그때는 우리가 깨어났을 때 혹은 다시 문제로 돌아올 때일 것이다. 그때는 바로 다음 날이 아닐 수 있으며, 사흘째나 그 이후가 될지도 모른다."

일부 관리자들은 자신의 무의식적인 마음의 관점을 얻기 위해서 특별한 전략이 필요했다고 말했다. 유통업체의 한 CEO는 다음과 같이 얘기했다.

"만일 생각이 떠오르지 않거나 막히면, 나는 유튜브에 들어가 브로드웨이 토니상 수상 순간을 담은 멋진 동영상을 볼 것이다. 그 동영상은 〈디파잉 그래비티Defying Gravity〉를 부르는 이디나 멘젤이 될 수 있고, 〈인 더 하이츠In the Heights〉에 나오는 노래를 부르는 맨디 곤잘레스가 될 수도 있다. 어떤 것이라도 상관없다."

마테오는 어려운 문제들은 하룻밤 자면서 생각해보려 했다. 그는 "그냥 이것이 인간적인 것 같았다. 나는 직장에서 처리해야 하는 중요한 문제나 이와 비슷한 일이 생기면, 언제나 하룻밤 자면서 생각해보는 게 좋았다"라고 말했다. 그는 "잠이 카운슬러"라는 자기 나라 속담을 얘기하면서 이 접근법을 강조했다.

또 하나의 실용적인 접근법은 어떤 사안이나 문제에 대한 의식적인 성찰에 시간제한을 정해둔 다음 그것을 제쳐두고 다른 일을 하는 것이다. 이것은 어떤 문제를 되풀이해서 생각하며 헛되이 시간을 소모하는 일을 피하는 방법이다.

창의성에 대한 많은 연구에서 중요한 돌파구를 마련한 수학자, 과학자, 작가, 예술가, 엔지니어 등에게는 공통적인 패턴이 있었다. 그들은 문제를 해결하기 위해 열심히 노력하지만 어느 순간 더 이상 진전이 없어 좌절하는 한계점에 다다른다. 그러면 기어를 바꾸고 다른 일을 한다. 그러고 나서 다시 자신의 문제로 돌아갔을 때, 때때로 앞으로 나아갈 길을 발견한다. 때로는 다른 일에 몰두하는 동안 새로운 시각이 머릿속에 떠오르기도 한다. 예를 들어 알베르트 아인슈타인은 자전거를 타면서 상대성 이론의 중요한 요소를 생각해냈다고 한다.[14]

우리는 또한 과거를 성찰하고 과거에 대한 새로운 시각을 개발하는 방법으로 어떤 문제와 함께 살아갈 수 있다. 직장에서 해고된 한 관리자는 자주 다음과 같은 특정 질문들로 되돌아갔다고 말했다.

"실제로 무슨 일이 있었나? 무엇을 다르게 했더라면 그 일을 계속할 수 있었을까? 나는 전에 일으켰던 문제를 아직도 하고 있지는 않은가?"

이 모든 접근법은 우리의 정신 구조를 분석에서 숙고로 바꾸는 방법이다. 분석적 사고는 레이저와 같아서 우리의 사고를 날카롭게 집중시켜 한곳으로 모은다. 이와는 대조적으로 숙고는 어두운 길을 랜턴을 들고 가는 것과 같다. 랜턴은 빛을 넓게 비추지만 그 빛이 희미하고 변화하는 패턴과 인상을 만들어낸다.

이 접근법은 인생의 중대한 문제에 대해 숙고할 때, 때로는 잠깐 지나서, 또 때로는 수개월 또는 수년이 지나 그 문제로 되돌아올 때 특히 가치 있는 방법이 될 수 있다. 시간이 흐르고 인생 경험이 많아지면 오래된 질문과 관심사에도 새로운 시각이 나타날 수 있다.

예를 들어《잿더미 속에서 찾은 신, 믿음, 정체성God, Faith, and Identity from the Ashes》이라는 책에서 홀로코스트 생존자들의 자녀와 그 손자들은, 그들이 어떻게 신에 대한 믿음이나 인간의 존엄성을 이해할 수 없는 거대한 악 그리고 홀로코스트의 고난과 화해시키려 애썼는지를 이야기한다.[15] 이는 장기적이고 지극히 개인적인 숙고로서의 성찰을 보여주는 예로, 논리적 분석 또는 순조로운 진행이나 완전한 명확성, 문제 종결에 대한 기대에 의해 왜곡되지 않은 건전한 시각을 찾는 탐색이다. 한 여성은 자신이 때때로 홀로코스트를 믿음으로 화해시켰다고 생각했지만, 한 주나 또는 두어 달이 지나 어느 고독한 순간에 민족의 고통을 생각하며 울곤 했다고 말했다.

"그것은 내 민족, 내 가족, 내 친구들, 내 고통이었다. 나는 아무 질문도 하지 않았다. 나는 전능하신 분을 믿었다. 그런데도 나는 울었다."[16]

어떤 문제와 함께 살아가는 데에는 예민한 경계심이 필요하다. 과학자들이 외계 생명체를 찾기 위해 정밀하게 조정된 기구를 사용하듯이, 우리는 희미하고 미약한 신호를 들으려 귀를 기울인다. 영국의 불교 지도자 라트나구나 혜네시는《성찰의 기술: 불교의 지혜 The Art of Reflection: Buddhist Wisdom in Practice》에서 이렇게 썼다.

"나는 내가 따라야 할 가치가 있는 어떤 생각이 떠오르면, 그 생각과 함께하려고 온건한 노력을 기울인다. 단지 그 생각이 나를 어디로 인도하는지 숙고하는 데 필요한 만큼만 노력을 기울일 뿐, 그 이상의 노력은 필요하지 않다."[17]

이것은 중요하지만 우리 마음속에서 거의 들리지 않는 목소리를 증폭시키고 어려운 문제에 대해 새로운 시각을 얻는 방법이다.

모자이크 성찰은 우리가 어떤 문제와 함께 살아가며 점차 그 문제를 개선하는 데 도움을 줄 수 있다. 우리는 느닷없이 떠오르는 새로운 시각을 알아차릴 수도 있고, 시간을 좀 들여 그것에서 무엇을 배울 수 있는지 알아볼 수도 있다. 또 어떤 문제가 얼마나 자주 우리 마음속에 되돌아오는지 알 수 있는데, 그 빈도수가 그 문제의 중요성을 말해준다. 또한 마테오의 경우처럼 자신의 나이와 아버지의 노후 걱정과 같은 불편한 문제가 순간적으로 끼어드는 것은 이런 문제를 정면으로 해결하기 위한 작은 단계가 될 수 있다.

마르셀 프루스트는 "진정한 발견의 여정은 새로운 경치를 찾아다니는 게 아니라 새로운 눈으로 보는 것이다"라고 말했다. 이는 숙고의 중심 목표에 대해 잘 말해준다.[18] 숙고란 문제나 사안에 대한 새로운 관점을 찾는 일이다.

때때로 숙고는 그 자체로 가치가 있다. 단 몇 분을 하든 아니면 오랜 시간을 하든 집이나 직장에서 어떤 문제나 어려운 상황을 깊이 이해하는 데 도움을 준다. 그러나 심각하고 복잡한 책임을 맡은 사람들은 보통 숙고와 이해 이상의 것을 해야 한다.

예를 들어, 우리가 어떤 어려운 문제를 숙고하면서 얼마간 시간을 보냈다고 가정해보자. 우리는 그 문제를 느슨하게, 심지어 다소 장난스럽게 보려 했다. 우리는 자신에게 몇 가지 중심 질문을 하면서 새로운 관점에 대한 탐색을 꾸준히 하고 또 넓혀 갔다. 다른 사람과 또는 심지어 우리 자신과 성찰적인 대화를 나누며 그 문제에 대해 이야기했다. 그리고 몇 시간, 며칠, 혹은 더 오랫동안 그 질문과 함께 살았고 잠재의식 속에서 희미한 신호를 찾아보았다.

만화경을 비틀고 새로운 패턴과 관점을 찾는 것은 가치 있는 일이지만, 만일 우리가 인생에서 중대한 책임을 맡고 있다면, 그것은 대개 충분하지 않다. 때로는 깊이 이해하는 것 이상의 무엇을 해야 한다. 우리는 무언가를 결정하고 행동하고 이끌어야 한다. 이런 경우라면 성찰에 대한 세 번째 근본적인 접근법이 필요하다.

PART 5

무엇을 그만두고, 무엇을 시작해야 할까

멈춤과 평가

"아무리 훌륭한 확신이라도,
행동하기 전까지는 가치가 없다."

토머스 칼라일Thomas Carlyle

내가 인터뷰한 사람들 가운데 한 관리자는 65세의 미국 백인 남성으로 교회와 신앙에 매우 헌신적이었다. 또 한 관리자는 40대의 인도 여성으로 종교가 없었다. 그들은 배경이 서로 완전히 달랐음에도 성찰에 대한 시각이 거의 동일했으며, 자신들의 생각을 똑같이 단순하며 실용적인 방식으로 설명했다. 나이가 많은 관리자는 이렇게 말했다.

"내가 주로 묻는 첫 번째 질문은 '내가 하고 있는 것 중에 그만

두어야 할 것은 무엇인가?'이고, 두 번째 질문은 '내가 하고 있지 않은 것 중에 시작해야 할 것은 무엇인가?'이다."

다음은 젊은 관리자의 말이다.

"나는 성찰이 내가 지금까지 해왔던 일에 대해 곰곰이 생각하는 시간을 가지고, 또 내가 하고 싶은 일에 대해 생각하는 시간을 갖는 것이라고 본다."

그들의 성찰에 대한 시각에는 두 가지 유사한 부분이 있다. 하나는 분명하다. 둘 다 '하다'라는 말을 강조한다는 것이다. 두 사람 모두 '하다'를 몇 단어들 사이에서 두 번이나 사용하여 말했다. 다른 하나의 유사점은 표면 아래 숨어 있는 것으로, 행동에 대해 초점을 맞추고 있다는 점이다. 나이가 많은 관리자는 한동안 말을 멈추었다가 "그것들은 정말, 정말 심오한 질문이다"라며 힘주어 말했다. 똑같이 말하지는 않았지만, 인터뷰를 진행하며 젊은 관리자도 이러한 생각에 동의한다는 것을 분명히 알 수 있었다.

　스스로 결정하고 행동하는 것에 초점을 맞춘 성찰은 성찰에 대한 세 번째 기본적인 접근법으로, 가장 중요한 방법이다. 스코틀랜드의 역사가 토머스 칼라일은 "아무리 훌륭한 확신이라도, 행동하기 전까지는 가치가 없다"[1]라고 말했다. 우리는 삶의 나날을 결정과 행동으로 보낸다. 그렇게 우리는 자신의 의무를 다하고, 자신과 남을 돌보며, 세상을 바꾸어나간다.

무엇을 결정하고 행동하는 데 정말로 중요한 것이 무엇인지 파악하려면 두 가지 질문에 답해야 한다. 질문은 모두 진지하고 때로는 심오하다. 첫 번째 질문은 다음과 같다.

❖ 내 결정과 행동이 나 자신의 기준과 다른 사람들이 기대하는 기준에 부합하는가?

두 번째 질문은 우리가 하는 일의 장기적인 영향에 초점을 맞추며 이렇게 묻는다.

❖ 내가 며칠, 몇 주 또는 더 오랫동안 생각한 후 결정을 내리고 행동할 때, 나는 내가 되고 싶은 사람이 되는가?

우리의 행동과 우리의 정체성은 DNA 분자의 가닥처럼 서로 뚱아진다. 한 관리자는 성찰이 왜 중요한지에 대해 이렇게 설명했다.

"만일 우리가 성찰을 하지 않는다면, 삶은 무수히 많은 길로 빠지게 될 것이다. 그러다 언젠가 우리는 정신을 차릴 것이고, 그때 우리는 자신이 바라던 사람이 아닐 것이고, 또 자신이 하고 싶었던 일을 하고 있지 않을 것이다."

자신을 함부로
판단하지 않는다

평가는 때로는 어려운 일이 아니다. 예를 들어 일상생활에서 우리는 무엇을 해야 하고 어떻게 해야 하는지를 안다. 또 '도둑질은 잘못이므로 물건을 훔쳐서는 안 된다'라는 경우처럼 우리에게 어떻게 행동하라고 알려주는 분명한 규정이 있기도 하다. 때로는 우리가 얼마나 진전이 있는지를 분명하게 평가할 수 있다. 5킬로미터 경주를 뛰고 싶다면 훈련 일정을 계획하고 진행 상황을 모니터할 수 있다. 요컨대 우리가 어떤 종류의 기준을 가지고 있을 때 평가는 문제가 되지 않는다.

그러나 불행히도 일과 삶의 어려운 질문들은 그렇지 않다. 우리는 평가란 어떤 기본적인 가치관이나 원칙에 충실한 후, 그것을 기준으로 삼는 일이라고 생각할 수 있다. 하지만 문제는 고상한 원칙과 열망이 결정과 행동의 복잡성과 까다로움보다 훨씬 위에 있다는 것이다. 그런 원칙과 열망을 추구하는 것은 교각 아래 수심 6미터 물속에서 허우적대는 사람을 1.5미터짜리 밧줄을 내려 구하려는 것과 다를 바 없다.

한 관리자는 성찰에 대한 자신의 개인적 정의에서 이 어려움을 지적했다.

"성찰이란 자신을 바라보는 이미지로 우리를 행복하게 한다. 성찰은 우리가 세상으로부터 뭔가를 받기만 한 것이 아니라 돌려주기도 했다는 만족감을 준다. 인간으로서 우리가 그냥 받기만 하는 것은 매우 쉽다. 우리는 영원한 흡수자다. 우리는 모든 곳에서 흡수한다. 우리는 공기와 지식, 음식을 흡수한다. 그것이 바로 우리가 하는 일이다. 그러므로 이따금 우리가 돌려주고 있는지 성찰하는 것이 중요하다. 하지만 우리가 뭔가를 돌려주고 있는지 어떻게 알 수 있을까?"

이것은 사려 깊은 관찰이었지만, 이 관리자는 자신이 받는 것만큼 주기도 하는지 또는 자신이 그것을 구별할 능력이 있는지조차 확신하지 못했다. 그렇다면 어떻게 그것을 구별할 수 있을까? 우리가 얼마나 잘하고 있는지 어떻게 판단해야 할까? 이 질문에 대답할 기준은 없다.

아마도 우리의 판단을 믿는 것이 정답일 것이다. 그러나 우리는 또 다른 문제에 부딪친다. 어떻게 하면 이런 판단을 솔직하고 정확하게 내릴 수 있을까? 우리는 가상의 거울에 자신을 비추어 보고 컴퓨터로 멋지게 보정한 모습을 본다. 또 어떤 때는 자신을 가혹하게 판단하고 정신분석학자들이 말하는 '처벌적 초자아punitive superego'의 희생자가 되기도 한다. 이에 대해 한 치료사는 이렇게 말했다.

"만일 우리가 이 '처벌적 초자아'라는 인물과 사회적 교류를 하게 된다면, 이 비난하는 인물, 이 내부 비평가, 이 끊임없는 잘못을 찾아내는 자를 만나게 된다면, 우리는 그에게 뭔가 문제가 있다고 생각할 것이다. 그는 그저 지루하고 잔인할 것이다."[2]

우리 자신을 있는 그대로 보는 것이 평가에서 가장 어려운 부분이다. 쏟아지는 수많은 경험과 증거(순수 문학, 역사 기록, 다양한 신앙의 지혜, 현대 사회과학의 발견 등)는 보통 우리가 자신을 있는 그대로 보는 데 서투르다고 말한다. 만일 우리에게 평가를 위한 저울이 있다면, 우리는 엄지손가락으로 저울 한쪽을 누르고 있을 것이다.

그렇다면 어떻게 평가를 잘할 수 있을까? 여기에서는 이를 위한 세 가지 접근법을 제안한다. 이를 잘 조합하여 따른다면 평가에 대한 좋은 해법을 얻을 수 있다. 각각의 접근법은 짧게 또는 길게 성찰하는 방법으로 오랜 역사를 지니고 있다. 자신의 행동이 자신의 의무와 열망에 얼마나 부합하는지를 숙고하는 데에 큰 도움이 될 것이다.

그 사람이라면
어떻게 했을까

       자신을 있는 그대로 평가하기 위한 첫 번째 단계는 자신의 '진정한 자아'나 '도덕적 나침반'에 의지하라는 충고를 무시하는 것이다. 셰익스피어가 《햄릿》에서 쓴 "너 자신에게 진실하라"[3]는 말은 이 접근법의 가장 유명한 버전이다. 그러나 셰익스피어는 수다스럽고 참견 잘하는 폴로니어스가 이런 말을 하게 함으로써 이 충고에 대해 재고할 여지를 주고 있다.

  우리가 이 충고를 따를 때, 우리는 '진정한 자아' 접근법이 문제투성이라는 것을 알게 된다. 때때로 어려운 결정을 내릴 때면 우리는 '진정한 자아'가 우리에게 무엇을 하라고 말하는지 알지 못한다. 그것이 어떤 결정들을 어렵게 만드는 요인이다. 즉 우리의 '도덕적 나침반'이 흔들릴 때 '어떻게 그것을 따를 것인가?' 정직하게 되돌아보면, 우리의 강한 신념이 때로는 우리를 잘못된 방향으로 이끌었다는 사실을 알게 된다.[4]

아일랜드 극작가 오스카 와일드는 "천박한 사람만이 자신을 안다"라고 말했다. 시인이나 소설가는 물론 신학자나 철학자들까지도 우리 자아의 복잡성, 배반, 미묘함에 대해 거듭 상기시킨다.[5] 이에 대해 한 철학자는 "자아와 의식은 모두 신비감을 불러일으킨다"[6]라고 말했다.

평가에 대해 인터뷰할 때, 사람들은 자신의 진정한 자아를 찾거나 그것에 의지한다는 말을 거의 하지 않았다. 대신에 몇몇은 동반자와 안내자에게 의지했다. 그들은 인터뷰한 사람들이 개인적으로 알고 있거나 잘 알고 있는 사람들로, 평가에 대한 현실적인 기준을 알려주었다.

예를 들어, 미국 주지사와 연방 각료를 지낸 한 관리자는 "모든 사람을 평등하게 대해야 한다"고 말했다. 그러고는 스스럼없이 이 말이 무슨 뜻인지 아버지에게 배웠다고 했다. 그는 소년 시절에 겪었던 한 특별한 사건을 들려주었다.

"하루는 아버지가 흑인 손님을 응대하고 있었는데, 주요 고객이었던 도급업자가 들어와서 이러저러한 것이 필요하다고 했다. 아버지는 '알겠습니다, 먼저 요청한 분의 일을 끝내는 즉시 처리해드릴게요'라고 말했다. 그 남자는 2,3분 기다리더니 '이게 필요하다고 말했잖아요'라고 했고, 아버지는 '지금 이 사람 일을 하고 있잖아요'라고 대꾸했다. 그러자 도급업자는 '이 깜둥이 일을 본 다음에 내 일을 하겠다고요?'라고 물었다. 그러자 아버지는 '아니요, 난 이 사람 일만 봐줄 겁니다. 당신 일은 돕고 싶지 않아요. 딴 데 가서 알아보세요'라고 말했다."

이 이야기를 어떻게 생각해야 할까? 이야기 자체로는 교훈을 주는 단순한 일화처럼 보인다. 그러나 긴 역사의 맥락에서 보면 이 이야기는 차별적인 태도에 대처하는 방법을 잘 보여준다. 마르쿠스 아우렐리우스가 그의 《명상록》 첫 페이지에 쓴 글을 보면 이를 알 수 있다. 일반서적의 '감사의 글'과 닮아 있는 이 글에서 아우렐리우스는 신과 열여섯 사람에게 감사를 표한다. 이 중에는 그의 아버지, 어머니, 형제처럼 우리가 상상할 수 있는 사람들도 있고, 디오그네투스나 플라톤 학파의 철학자 알렉산드로스 같은 인물도 있다. 아우렐리우스는 그들 모두에 대해 알고 있었고, 그들이 보여준 어떠한 특징, 성향, 그리고 본보기에 대해 그들 각자에게 감사를 표했다.

아우렐리우스는 '좋은 성품을 지니는 법'을 보여주신 할아버지와 '부자들과는 거리가 먼 검소한 삶을 사는 법'을 보여주신 어머니에게 감사하는 것으로 시작한다. 그는 계속해서 자신이 존경하고 본받고자 했던 가치관, 태도, 행동 등을 보여준 다른 사람들에게 감사를 표한다. 그는 자신의 양아버지를 기억하며 이렇게 마무리 짓는다.

"나는 내 양아버지에게서는 온유함, 신중하게 심사숙고해서 한 번 내린 판단은 흔들림 없이 밀고 나가는 결단력, 명예를 얻고자 헛된 허영심을 품지 않는 마음, 노동에 대한 사랑과 공공의 유익을 위해 무엇인가를 제안하는 사람들의 말을 경청하는 태도를 배웠다."[7]

우리는 아우렐리우스처럼 용감하고, 정직하고, 책임감 있는 사람이 되기를 열망할지도 모른다. 그러나 아우렐리우스는 중요한 한 걸음을 더 내디뎠다. 그는 특정한 개인들과 그들 행동의 구체적인 측면에 집중했고, 그들을 개인적으로 관찰했다. 그랬기에 그는 하마터면 고상하고 영감을 주지만 알맹이는 빠졌을 가치와 이상을 분명하고 생생한 예로 알 수 있었다.

이러한 평가 방식을 따른 이는 아우렐리우스만이 아니었다. 이그나티우스는 가톨릭 성인들의 삶에 대해 매우 자세히 알고 있었다. 몽테뉴는 고대 그리스나 로마에 살았던 철학자, 시인, 정치가로 구성된 그 자신만의 독특하고 세속적인 신전에 의지했다. 제2차 세계대전 당시 인상적인 활약을 펼친 조지 패튼 장군은 위대한 장군들을 마음속에 모시고 있었다. 그는 그들의 삶, 그들이 싸운 전쟁, 그리고 특정한 전투에서 그들이 썼던 전술과 전략을 이해했다. 그는 그들을 본받으려고 애썼고 자신이 그렇게 하지 못했다고 생각할 때 좌절감을 느꼈다.[8] 중요한 정치 및 사회 운동에는 주목할 만한 활약을 펼친 영웅이나 롤 모델이 있고, 그들은 자신의 결정, 약속, 행동을 통해 자신이 지닌 대의명분의 가치를 직접 증명해 보인다.

동반자와 안내자는 우리가 마주하는 상황에서 그들이라면 어떻게 했을지 자문해보는 역할을 해준다. 그들이라면 어떤 기준을 세웠을까? 그들이 비슷한 상황에서 했던 행동과 유사한 처신 방법은 무엇일까? 한 관리자는 이 접근법을 정확히 따랐다. 그는 이렇게 말했다.

"내게는 좋은, 또 좋지 않은 멘토가 많이 있는데, 어떤 일에 대해 이 사람이라면 또는 저 사람이라면 어떻게 생각하고, 어떻게 행동했을지, 또 왜 그렇게 했을지 자문한다."

동반자와 안내자는 맞춤형 기준과 그 기준에 따르려는 개인별 동기를 제공한다. 일부 학자들은 아우렐리우스가 존경하는 일단의 인물들이 그에게 배심원 역할을 했다고 말한다.[9] 아우렐리우스는 그들의 눈을 통해 자신의 행동을 판단할 수 있었다. 아우렐리우스는 그 인물들에 대해 잘 알고 또 존경했기 때문에 그들이 보여준 기준에 도달해야 한다는 책임감도 느꼈을 것이다.

아우렐리우스에게 평가는 단순히 일상의 행동 하나하나에 대한 접근법이 아니었다. 그는 자신의 인격이 성숙해지고 있는가에 대해서도 생각했다. 달리 말하면 그는 어떤 종류의 사람이 되고 싶었고, 자신이 항상 마음속에 간직하고 있는 롤 모델들의 카탈로그가 그것을 도왔다. 그들은 그의 개인적인 발전을 돕는 상냥한 조력자였다. 한 학자는 이렇게 말했다.

"아우렐리우스는 일반적인 귀족 계보의 성향(우리가 로마 황제에게서 흔히 기대하는)이 아니라 그 자신만의 정신, 지성, 영혼의 계보 그리고 그에게 영향을 준, 그가 아주 개인적으로 교제하던 주변 사람들의 성향을 보여준다."[10]

인종차별주의자를 자신의 아버지가 어떻게 대했는지에 대해 얘기해줬던 전 주지사처럼 많은 관리자가 비슷한 접근법을 택했다. 자신의 가치와 기준을 언급할 때, 그들은 정확히 말로 표현할 수 없는 것 대신에 특정 개인과 사건에 대한 기억을 떠올렸다. 관리자 중 몇몇은 이 접근법이 독특하게 변형된 버전을 따르고 있었다. 그들은 자신이 부정적으로 생각하는 사람들과 함께 일했는데 의식적으로 그들의 특성과 행동 방식을 멀리하려고 노력했다. 한 관리자는 다음과 같이 말했다.

"내가 되고 싶은 사람은 그런 사람이 아니다. 나는 그런 식으로 행동하고 싶지 않다."

동반자와 안내자는 여러 다양한 형태를 띨 수 있지만 모두 중요한 공통 요소를 갖고 있다. 그들은 일반 원칙, 고상한 감정, 영웅적인 인물에 의지하지 않는다. 이러한 평가 방식을 따랐던 관리자들은 안내와 영감을 얻기 위해 자신보다 훨씬 위쪽을 바라보지 않았다. 대신에 좌우를 바라봤는데, 그들이 잘 알고 있고 관찰할 수 있는 사람들로부터 배우기 위해서였다.

자신만의 수칙을 만들어라

결정을 내리고 그에 따라 행동하기 위한 자신만의 수칙을 개발하는 것은 평가의 또 다른 기본적인 방법이다. 이것이 실제로 의미하는 바는 무엇인가? 한 경찰서장은 인터뷰에서 다음과 같은 예를 들었다.

"아버지는 1913년생으로 세계 대공황을 겪었고 육군 병장으로 오랫동안 복무하다가 지하철 감독관을 지냈다. 나는 아버지와 나누었던 이야기가 생각난다. 어쩌다가 사람들을 감독하거나 관리하는 일에 대해 이야기하게 되었는지 모르지만, 아버지는 내게 '사람들이 널 좋아할 필요는 없다. 하지만 사람들이 네가 공정한 사람이라는 걸 알도록 해야 한다'라고 말씀하셨다.

아버지의 말씀은 그게 전부였고, 나는 항상 그 말씀을 간직해왔다. 나는 우리는 모두 인간이기에 하루 24시간 완벽할 수 없으며 실수도 한다는 것을 알고 있다. 많은 것들이 우리가 그 실수를 어떻게 대처하느냐에 달려 있다. 나는 아버지가 '모든 사람이 네 친구가 되지는 않겠지만, 그저 공정하게 행동해라'라고 수없이 말씀하셨던 것을 기억한다."

그는 아버지를 동반자이자 안내자로 의지했지만, 한 걸음 더 나아가 아버지의 단순한 수칙을 지켰다. 그는 "그것이 내 평생에 몇 번이나 내 머릿속을 들락날락했는지는 정확히 모르겠지만, 백만 번은 될 거다"라고 말했다. 그 혼자만 그렇게 하는 건 결코 아니었다. 인터뷰에서 몇몇 관리자들은 평가를 위한 자신의 개인적인 좌우명 혹은 처세법을 언급했다.

"누구나 실수하기 마련이지만 사람의 인성에서 비롯된 실수는 회복할 수 없다."

"나는 우리가 괜찮다는 생각이 들 때까지 기다려서는 안 된다고 생각한다. '나는 무엇을 하고 싶은가, 또는 나는 무엇을 바꾸고 싶은가?'라고 자문한 다음 바로 실천해야 한다. 그렇지 않으면 시간이 지날수록 생각이 바뀔 수 있다."

"기도를 마친 후에는, 세상 밖으로 나가 일을 시작하라."

"나는 나 자신에게 완전히 진실한가를 묻는다."

"이 삶에서 확실한 것은 내가 죽는다는 사실뿐이다."

자신만의 기본 수칙을 만드는 것은 작문 연습이 아니다. 이것을 잘하려면 깊이 생각하고 자신에게 정말 중요한 것에 날카롭게 집중해야 한다. 한 관리자는 이런 실용적인 수칙을 '자신과의 약속'이라고 불렀다. 중요하지 않은 부차적인 것은 모두 잘라내야 한다. 본질 중의 본질을 명확하게 가려내고 실질적인 의미를 지니도록 간결하게 압축해야 한다.

몽테뉴는 여기에 매우 능해서 그의 수칙 중 많은 것들이 널리 인용되고 있다. 예를 들면 다음과 같다.

"고통을 두려워하는 사람은 이미 자신이 두려워하는 것으로부터 고통받고 있다."

"남에게는 자신을 빌려주고, 자신에게는 주어라."

"세상에서 가장 높은 왕좌에 앉더라도, 우리는 여전히 자신의 엉덩이로 앉아 있을 뿐이다."[11]

아우렐리우스도 같은 접근법을 택했다. 그의 전기 작가 중 두 명은 이렇게 썼다.

"이 사람은 말만 하는 사람이 아니라 행동하는 남자였다. 그가 자신에게 쓴 몇 마디 말은 논문이 아니라 행동을 독려하기 위한 것이다. … 거기에는 그가 삶을 항해할 때 의지했던 랜드마크와 등대가 들어 있다."[12]

아우렐리우스의 몇 가지 기본 원칙은 다음과 같다.

"해야 할 일에 집중하라. 거기에 눈을 고정하라. 네 임무는 좋은 인간이 되는 것임을 상기하고, 또 자연이 사람들에게 무엇을 요구하는지 상기하라. 그리고 주저 없이 그 일을 하고, 보이는 대로 진실을 말해라. 단 친절하게, 겸손하게, 위선 없이."[13]

이그나티우스는 한 단계 더 어려운 개인 수칙을 정했다. 그는 자신의 원칙 중 하나를 '마기스magis'라는 라틴어 단어로 요약했다. 일반적인 쓰임에서 이 단어는 '더more'라는 뜻이다. 하지만 이그나티우스에게 그것은 하나님께 영광을 드리기 위해 매일, 매시간 더 많은 일을 하려고 노력하는 개인적인 기준을 의미했다.

고전 작품들과 인터뷰는 자신만의 수칙을 만드는 몇 가지 방법을 보여준다. 그중 하나는 동반자와 안내자가 우리에게 어떠한 수칙을 제안하는지 살펴보는 것이다. 이들로부터 우리는 두 유형의 개인 수칙을 찾을 수 있는데, 어떤 사람들은 어떻게 살고 행동할지를 기술하는 반면, 또 어떤 사람들은 넘지 말아야 할 선을 정한다.

수칙을 정할 때는 "공정하고 공정하라"는 경찰서장의 모토처럼 아주 간단한 말로 압축해서 만드는 것이 좋다. 또한 따르기 쉬운 수칙은 가급적 피해야 한다. 기준을 낮게 설정하면 만족감을 느끼긴 쉽겠지만, "진정한 행동 원칙은 고통스럽다"[14]라는 아우렐리우스의 생각을 거스르게 된다.

마지막으로, 우리는 때때로 자신만의 수칙을 새롭게, 그리고 자신의 삶과 관련되도록 다시 고쳐 쓸 수 있다. 한 학자는 이렇게 말했다.

"아우렐리우스가 찾으려 했던 수칙은 주어진 순간에, 그 효력이 사라지기 전에 가장 큰 효과를 낼 수 있는 것이었다. 목표는 무의미한 일상 속에서 지속적으로 억눌리거나 소멸되고 … 분산될 위험이 있는 내면을 다시 점화하고 끊임없이 깨우는 것이다."[15]

더 나아가 관리자 몇 명은 자신의 열망과 롤 모델, 수칙을 상기하기 위해 매우 실용적인 전략을 따랐다. 그들은 오늘날의 삶 속에 만연한 주변 소음을 걸러내고 이러한 신호들을 포착할 수 있는 가능성을 높이고 싶었다. 이것은 몽테뉴가 사용했던 전략을 자신에게 맞게 변형한 버전이었다. 몽테뉴는 자신이 《수상록》을 집필했던 방의 들보에 자신이 가장 좋아하는 삶의 수칙을 적어놓았다.

관리자 중 한 사람은 매우 실천적인 불교 신자였는데, 그는 매일 '오늘의 불교 말씀'을 보내주는 이메일 프로그램에 등록했다. 매일 받는 불교 말씀 가운데 어떤 것은 수 세기 전의 금언이었고, 또 어떤 것은 유머러스했는데, 어떤 것도 간단하지 않아서 그것들을 이해하기 위해 잠시 멈추고 성찰해야 했다. 예를 들어, 한 말씀에서 "수소의 짐을 암소에게 옮기지 말라"라고 했는데, 그는 자신의 책임을 남에게 돌리지 말라는 얘기로 해석했다. 그는 "그 메시지를 보고 '아, 그래. 나는 이 말씀대로 따르고 있을까?'라는 생각이 들었다"고 했다. 그는 뭔가 기만하는 말처럼 들릴 수도 일겠지만, 자신에게 대안은 결국 집으로 돌아가 "오늘은 전혀 성찰하지 않았다"고 생각하는 것이라고 말했다.

한 여성 관리자는 '할 일 목록to do list'을 창의적으로 변형해서 자신에 맞게 맞춤화한 버전을 사용했다. 매일 아침 그녀는 그 날 자신이 해야 할 일과 하고 싶은 일을 적었고, 때로는 질문이나 성찰하는 시간을 갖고 싶다는 말도 써놓았다. 그녀는 사실 '할 일' 목록이 아니라 '살 일to live' 목록을 만들고 있었는데, 그 목록이 그녀가 그날의 일을 처리하는 동안 자신의 기준과 가치관, 그리고 삶에 대해 잠시 생각하도록 부추겼기 때문이다.

자기 인생의
철학자가 될 것

평가는 경험이나 이해보다는 행동에 초점을 맞춘 성찰이다. 여기에는 일상의 롤 모델이나 개인 수칙처럼 현시점에서 자신의 기준과 열망을 충족하도록 돕는 전략이 필요하다. 그러나 이따금씩 한 걸음 더 물러서는 것이 중요하다. 이렇게 함으로써 우리는 자신이 어떻게 평가하고 있는지에 대해 더 깊은 시각을 가질 수 있다. 한 관리자는 이러한 시각을 다음과 같이 설명했다.

"나는 우리에게 한 걸음 물러서서 바라보는 시각이 필요하다고 생각한다. 나는 이것을 '자신의 삶을 위한 아키텍처'라고 부르는데, 자신이 집중할 수 있는 것보다 훨씬 많은 사안을 다루는 리더들에게 특히 필요하다고 생각한다.

아키텍처는 다음과 같이 묻는다. 내가 한 사람으로서, 남편으로서, 아버지로서, 또는 그 무엇으로서 하루도 빠짐없이 매일매일 하려는 정말 중요한 일은 무엇인가? 내가 매주, 매달 하려는 내 삶의 구조를 정의하는 일은 무엇인가?"

한 걸음 더 물러서서 평가하는 이 방법은 간단하지만 심오하다. 이것은 우리의 일상 활동을 더 큰 구조의 빌딩 블록으로 보라고 말한다. 미국의 작가 애니 딜러드는 이러한 시각의 중요성에 대해 설명했다.

"우리가 하루를 어떻게 보내는가는 결국 우리가 인생을 어떻게 보내는가이다."[16]

우리는 이 접근법의 중요한 예를 성찰에 대해 다룬 고전 작품에서 살펴보았다. 몽테뉴는 자신의 생각과 감정을 완전히 솔직하게 기록하려는 목표를 중심으로 생애의 아키텍처를 설계했다. 이그나티우스는 신성하고 종교적으로 충실한 삶을 살았다. 아우렐리우스는 매일 자신의 세계관, 인성, 그리고 일상생활을 금욕적인 모범과 일치시키기 위해 노력했다.

한 걸음 더 뒤로 물러서는 것은 실제로 무엇을 의미하는가? 기본적인 대답은 간단하다. 그것은 잠시 혹은 몇 분보다 더 오래 뒤로 물러서는 것을 의미한다. 또한 성찰의 시야를 단기적인 것에서 장기적인 것으로 넓히고 무엇이 정말로 중요한지 파악하려고 노력하는 것을 의미한다.

관리자의 절반 정도가 더 오랫동안 성찰할 시간을 찾았고, 그들 대다수는 자신이 했던 성찰 횟수보다 더 자주 성찰하기를 바랐다. 몇몇 관리자들은 종교적 신념을 실천하는 신도들로 정기적인 예배의 중요성을 강조했다. 한 힌두교 관리자는 매년 1월에 명상 수련회에서 열흘을 보냈고, 평소에는 매일 아침 한 시간 동안 명상과 성찰을 하려고 했다. 종교가 없는 관리자들 역시 한 걸음 더 물러서는 것이 중요하다는 사실을 이해했고, 다양한 방법으로 이를 실천했다. 어떤 이들은 주말에 산책을 하거나 음악을 들으며 시간을 보내거나 커피나 차, 와인 한 잔을 마시며 조용히 앉아 시간을 보냈다. 예를 들어 한 관리자는 간단한 공식을 따르려고 했다. 그는 '하루에 10분, 일주일에 1시간, 일 년에 하루를 성찰하는 것'을 목표로 삼았다.

다른 관리자들에게 한 걸음 더 물러서는 것은 혼자서 하는 수련이 아니었다. 그들은 자신의 삶에서 중요한 질문과 씨름해야할 때, 자신의 관심사에 대해 오랫동안 폭넓은 성찰적 대화를 나눌 수 있는 누군가를 찾았다.

몇몇 사례에서, 관리자들은 실제로는 장기 성찰과 모자이크 성찰을 조합해서 사용했다고 말했다. 예를 들어 한 임원은 자신이 내려야 할 결정이 중요한 것임을 알지만 무엇을 해야 할지 모를 때가 있었다. 이럴 때, 그는 사무실 문을 꼭 닫고 조용히 그 결정에 대해 생각했는데, 때로는 30분씩 걸리기도 했다. 그래도 문제가 명확해지지 않을 경우, 그는 한동안 "그 결정을 가지고 다녔다." 그리고 이따금씩 그 문제로 잠시 돌아왔다. 그는 때로는 새로운 관점을 얻었고, 또 때로는 자신이 제자리걸음만 하고 있음을 깨달았다. 결국 결정을 내려야 했지만, 그는 오랫동안 홀로 숙고하는 방법과 모자이크 성찰법을 병행함으로써 이러한 어려운 문제들과 씨름했다.

관리자들은 언제 한 걸음 더 물러서야 하는지를 어떻게 알았을까? 그들은 몇 가지 다른 계기로 그때를 알았다. 그중 하나는 직장이나 일상생활에서 중요한 결정에 직면할 때였다. 또 다른 하나는 실직을 하거나 심각한 병을 앓는 등 인생의 중요한 사건을 겪으면서였다. 때때로 그들은 삶이 걷잡을 수 없이 돌아가고 있다고 느꼈고 브레이크를 밟을 필요가 있었다. 때로는 마음속에 어떤 질문이나 걱정이 숨어 있어서 시간을 마련해 그 문제와 직접 부딪쳐야 했다. 프랑스 심리학자 모리스 리즐링은 "결국 인생은 우리 모두를 철학자로 만든다"[17] 라고 말했다.

한 걸음 더 물러서면 자신이 제대로 평가하고 있는지 확인할 수 있으며, 다운시프팅하거나 더 깊이 숙고할 수도 있다. 예를 들어 다운시프팅이나 사색으로서 성찰의 목적은 경험의 깊이에 있다. 짧은 모자이크 방법은 자신이 지금 경험하고 있는 어떤 것에 대해 무엇이 정말로 중요한지 파악하는 것을 의미한다. 그것은 우리 주변이나 우리 안에서 일어나는 어떤 일에 온전히 주의를 기울이는 것이다. 그러나 한 걸음 더 물러서는 것은 우리가 이를 더 깊고 훨씬 더 심오한 방법으로 성찰하는 데 도움을 줄 수 있다.

이것은 대중적이고 현대적인 명상과 아시아 종교와 문화에서 행해지던 본래의 것을 비교함으로써 알 수 있다. 명상에 대한 우리의 일반적인 관점은 '마음 챙김mindfulness'으로, 이는 10분에서 15분 동안 마음을 비우고 자신의 호흡에 주의를 기울이는 일이다. 연구에 따르면 마음 챙김은 혈압을 낮추고, 신경을 진정시키고, 집중력을 향상시킨다. 그러나 마음 챙김은 고대 수행과는 공통점이 거의 없다. 고대 수행은 더 오랜 시간이 필요하고, 그 목표는 건강이나 평온함, 생산성이 아니었다. 그것은 우리 자신의 내면이나 우리 주변의 세계 안에서 어떤 심오한 현실(보통 우리의 이성적인 마음, 일을 완수해야 할 필요성, 그리고 우리 주변의 세계를 이해하고, 항해하고, 통제하려는 우리의 지속적인 노력에 의해 모호해진 현실)을 엿보거나 경험하는 것이었다.

독일의 외교관이자 심리학자인 카를프리트 뒤르크하임은 일본 선불교의 초기 지지자였다. 그는 자신의 저서 《일본의 평온 숭배The Japanese Cult of Tranquility》에서 이 전통을 우리 내면의 '더 깊은 자아'와 우리를 둘러싼 '더 나은 삶'의 관점에서 설명한다. 뒤르크하임과 동양 명상에 관한 전문가들은 시간에 쫓기는 일상 활동에서 잠깐 쉬어가는 '타임아웃'으로는 이러한 심오한 현실을 파악할 수 없다고 말한다. 또한 서양 종교의 전통도 비슷한 성향을 지니고 있다고 강조하면서, 신자들에게 진정한 삶은 '하나님 안에서 영혼의 안식처'를 찾는 것이라고 말하고, 이를 위해서는 오랫동안 기도와 헌신이 필요하다고 가르친다.[18]

다운시프팅에 대한 각각의 접근법은 한 개인의 내적 생활을 심화할 방식으로 확장될 수 있다. 예를 들어 자연에 의지하는 접근법은 창밖을 내다보거나 바깥 풍경을 담은 스크린세이버를 바라보는 등 잠시나마 자연을 경험하는 것이었다. 이는 모자이크 성찰의 예들이지만, 자연이나 하늘을 더 오래 바라보고(다시 말해 한 걸음 더 물러나고) 경험을 심화시키는 것도 가능하다. 예를 들어 천문학자 칼 세이건은 지구를 먼 위성에서 바라보는 것처럼 묘사했다. 우리 행성은 작고 '창백한 푸른 점'으로 보였지만, 세이건은 이렇게 썼다.

"그것은 바로 여기, 우리 집, 우리 자신인 것이다. 우리가 사랑하는 사람, 아는 사람, 소문으로 들었던 사람, 그 모든 사람은 그 위에 있거나 또는 있었던 것이다. … 햇빛 속에 떠도는 먼지 티끌 위에서 살았다."[19]

숙고는 사색처럼 때때로 오랜 시간이 필요하다. 삶과 직장에서의 힘든 상황들은 흐릿하고 회색이다. 이런 문제들은 관리자들이 서류가방이나 노트북이 아니라 마음 한구석에 담아 집으로 가져가는 것들이다. 모든 사람은 부모, 파트너, 시민, 직원 또는 단순히 어떤 문제나 상황을 이해하려는 인간으로서 이런 문제들과 마주한다. 이러한 문제들은 우리를 갉아먹고, 낮에는 우리를 혼란스럽게 하고, 밤에는 우리를 잠 못 들게 한다. 왜냐하면 보통 이런 문제들을 바라보는 서로 다르고 상충되는 방법이 존재하기 때문이다. 이 문제들의 복잡성을 완전히 이해하기 위해서는 천천히, 참을성 있게, 그리고 반복적으로(때로는 오랜 기간에 또는 여러 번에 걸쳐) 그것들을 곰곰이 숙고해야 한다.

또한 숙고는 인생에서 지속되는 커다란 질문들을 탐구하는 한 방법이 될 수 있다. 만일 우리가 우리 자신이라 이름 붙인 '체화된 의식embodied consciousness'의 티끌 같은 존재를 넘어 시야를 넓힌다면, 우리는 일부 관리자들이 자신에게 가장 중요한 것이라고 솔직하게 말했던 질문들과 마주하게 된다.

"우리는 왜 여기에 있는가? 신은 존재하는가? 삶은 무엇을 의미하는가?"

수 세기 동안 철학자들과 신학자들은 모든 계층의 사람들이 그랬던 것처럼 이러한 질문들을 숙고해왔다.

오랫동안 성찰하기 위해서는 어느 정도 규율이 필요하다. 전시 군사령관이었던 아우렐리우스나 군인으로 초년을 보낸 이그나티우스가 이런 신념을 갖고 있었던 것도 놀랄 만한 일이 아니다. 양심의 목소리를 자주 억누르려 애썼던 몽테뉴조차 의지와 규율의 중요성을 굳게 믿고 있었다. 그는 "사건들을 통제할 수 없으니, 나는 나 자신을 통제한다"라고 썼다.[20]

다행히 우리 인간은 뒤로 물러나는 본능을 가지고 있기에, 순수한 의지력에만 의존할 필요가 없다. 이 본능은 아마도 우리의 고대 조상에서 비롯되었을 것이다. 초기 인류는 과거로부터 배우고 미래를 계획할 수 있었기에 우리로 진화했다. 이 선천적인 성향에 대한 증거는 여러 방법으로 성찰의 기술을 실행하는 전 세계의 많은 문화와 전통에서 찾을 수 있다. 또한 인터뷰에서도 이러한 사실이 드러난다. 사실상 모든 관리자는 아우렐리우스, 몽테뉴, 이그나티우스가 그랬던 것처럼 매우 바쁜 생활 속에도 뒤로 물러나는 개인적인 방법을 개발했다.

하지만 몇 가지 기본적인 주제들이 이 모든 다양한 방법에서 빈번히 나타난다. 성찰은 우리가 경험하고, 이해하려고 노력하고, 또는 하고 있는 것에서 정말로 중요한 일이 무엇인지를 파악하기 위해 뒤로 물러서는 것이다. 우리는 세 가지 근본적인 방법, 즉 다운시프팅, 숙고, 그리고 평가를 통해서 성찰할 수 있다. 이러한 시간을 보낸다면 우리의 삶과 일을 향상시킬 수 있다. 자신의 생활에 맞는 형태의 성찰 혹은 모자이크 성찰을 개발하고 때때로 한 걸음 더 물러서서 더 깊이 성찰한다면 말이다.

성찰이 없다면 우리는 표류할 것이고, 다른 요인들에게 휘둘리고 지배를 받을 것이다. 우리는 성찰을 통해 삶의 궤도를 이해하고 또 바꿀 수도 있다.

이 책이 나오기까지

이 짧은 책은 두 가지 기본 질문에 초점을 맞추고 오랫동안 광범위하게 연구한 결과에서 나왔다. 우리는 더 많은 시간을 성찰하는 데 써야 한다는 말을 자주 듣고, 때때로 다른 사람에게 이런 맥락에서 조언하기도 한다. 하지만 성찰이란 무엇인가? 바쁜 사람들이 어떻게 성찰할 시간을 찾을 수 있을까?

본 연구는 두 가지 방법으로 진행되었다. 하나는 성찰과 그와 관련된 주제의 참고 도서를 광범위하게 읽는 것이다. '참고 문헌'은 이 책의 폭넓은 연구 범위를 보여준다. 왜냐하면 성찰이란 주제는 다차원적이며 중요하고 시사하는 바가 많은 관점에서 이해할 수 있기 때문이다. 결국, 이 독서를 바탕으로 기록한 내 노트는 행간의 여백이 없이 빽빽한, 900페이지에 달하는 방대한 문헌 리뷰가 되었다. 이 노트는 마침내 대략 20개의 주제로 정리되었는데, 각각의 주제는 고전 작품 속의 성찰관, 성찰 장애물, 철학적 관점, 그리고 신경과학과 같은 넓은 영역을 아우른다.

이 참고 문헌 읽기는 일련의 어려운 문제에 부딪혔다. 성찰은 이해하기 힘든 과정이기에 연구하기가 매우 어렵다. 현미경 아래 두고 직접 관찰할 수 있는 게 아니다. 더욱이 성찰은 개념적으로 인간의 의식과 같은 아주 골치 아픈 문제들과 연관되어 있다. 우리는 의식이 어떻게 진화했는지, 그것이 무엇인지, 또는 우리의 뇌 속의 물질로부터 어떻게 생겨났는지 거의 아는 게 없다.

성찰을 이해하기 위한 내 기본 접근법은 삼각 측량법*이었다. 광범위한 문헌 리뷰는 이러한 노력의 일환이었다. 나는 일기와 기록의 전반적인 개념에 관한 서적과 더불어 많은 중요한 일기를 읽었는데, 이런 글들은 본질적으로 당시의 순간을 성찰한 기록이기 때문이다. 또한 삼각 측량법의 정확도를 높이기 위해 나는 독

---

* 명제의 신뢰성을 높이기 위해 자료의 두 가지 요인으로 확증하는 방법이다.

서를 넘어서 또 하나의 연구 방법을 진행했다.

두 번째 방법은 100여 명의 관리자들과 진행한 인터뷰였으며, 관리자들은 대부분 하버드 경영대학원 출신이었다. 그들은 내가 보낸 개인 이메일에 회신하여 인터뷰에 응하겠다고 자원했고, 나는 다양한 배경을 대표할 참가자들에게 초대장을 보냈다.

또한, 나는 25명의 다른 사람들을 인터뷰했다. 그중에는 하버드 경영대학원 고위 임원들도 포함되어 있었다. 이들은 대부분 내가 몇 년 전부터 알고 지냈거나 함께 일했던 사람들이었다. 나는 개인적 관계가 좀 더 열린 대화에 도움이 될지 궁금해서 그들을 선택했다. 경력의 대부분을 세계 유수의 회사나 기관에서 보냈던 동료 교수들과, 연사로 하버드 캠퍼스를 방문한 유명 전현직 CEO들을 인터뷰했다. 마지막으로 성찰에 대한 시각을 넓히기 위해 치료사와 종교계 상담사 몇 명, 불교계의 오랜 수행자이자 지도자 한 명, 대학 총장 한 명, 경찰서장 한 명, 유명한 유럽 축구 감독 한 명도 인터뷰했다.

최종적으로 인터뷰 대상자의 3분의 1은 여성이었다. 4분의 1은 미국인이 아니었다. 3분의 2는 40~60세였고, 몇몇은 나이가 더 많았으며, 나머지는 사회 초년생이었다. 3분의 2는 선임 중간 관리자였고, 나머지는 경력이 얼마 안 되는 관리자 5명을 제외하면 전직 CEO 또는 그들 조직의 수장이었다.

인터뷰는 두 단계로 나뉘었다. 1단계는 50명을 인터뷰했다. 나는 이 사람들을 두 번, 약 2주 간격으로 인터뷰했다. 첫 번째 인터뷰는 아래에서 설명한 일련의 주제를 다루었고, 두 번째 인터뷰는 인터뷰 대상자들이 추가로 어떤 의견이 있는지 알아보기 위해 이 주제로 돌아왔다. 또한 두 번의 인터뷰 사이에 나는 각 참가자에게 이메일을 보내 마지막 날쯤에 그들이 어떤 종류의 성찰을 했는지 설명해 달라고 부탁했다. 내 목표는 '실시간'의 평소 성찰 샘플을 얻는 것이었다.

2단계 인터뷰 때는 개인별로 한 번 만났다. 나는 첫 번째 단계에서 배운 것을 바탕으로 이제는 연구에 더 정확히 초점을 맞출 수 있다는 생각에서 이 접근법으로 옮겨갔다. 두 단계 모두 인터뷰는 내 사무실에서 보통 1시간 이상 지속되었으며, 대화는 상대의 허락을 받아 녹음한 뒤 나중에 문서로 기록됐다. 인터뷰와 녹취록은 비밀로 보호된다. 최종적으로 나는 2천 쪽이 넘는 녹취록을 얻었다.

인터뷰는 자유롭게 대화하는 방식으로 진행되었다. 어떤 경우에는 성찰에 대한 나만의 생각과 이전 인터뷰에서 알게 된 내용을 일부 공유하기도 했다. 인터뷰 때마다 나는 특정 질문들을 다루려고 노력했지만, 흥미롭거나 잠재적으로 중요한 옆길로 가기 위해 준비된 질문에서 출발하기도 했다.

첫 번째 인터뷰를 위해 준비한 질문은 다음과 같다. 당신이 생각하는 성찰은 무엇인가? 성찰에 대해 생각하면 무엇이 떠오르는가? 성찰은 어떤 면에서 가치가 있고, 어떤 면에서 문제가 될 수 있는가? 일반적으로 언제 어떻게 성찰하는가? 일반적으로 어떤 질문이나 문제에 초점을 맞추는가? 성찰할 때 무엇을 이루려고 하는가? 성찰을 방해하는 주요 장애물은 무엇인가? 성찰하는 데 충분한 시간을 보내고 있다고 생각하는가?

처음 50명의 인터뷰 대상자에게 물어본 이메일 질문은 다음과 같다. 지난 몇 시간 동안 성찰하는 데 시간을 얼마나 보냈나? 무엇에 대해 성찰했는가? 언제 어떻게 성찰했는가?

이 인터뷰 대상자들과의 2차 질문에서 나는 다음과 같이 질문할 계획이었다. 첫 번째 대화에서 다룬 내용에 추가하고자 하는 사항이 있는가? 당신이 얼마나 잘 성찰하고 있는지 어떻게 평가

하는가? 개인적인 문제와 달리 일과 관련된 문제에서는 다르게 성찰해야 한다고 생각하는가? 어떻게 유용한 성찰과 단순히 기억을 되짚는 것의 차이를 구별하는가? 기억을 되짚는 것이 때로는 도움이 되는가? 성찰할 시간이 더 많다면, 어떻게 보낼 것인가? 종교나 영적인 믿음을 갖고 있다면 그것이 당신의 성찰에 어떤 역할을 하는가?

최종 원고는 의외로 시간이 많이 걸렸다. 돌이켜보면, 근본 문제는 수천 페이지에 달하는 배경 노트와 인터뷰 녹취록에서 중요한 내용을 요약하는 방법을 찾는 것이었다. 나는 짧고 유용하며 쉽게 접근할 수 있는 책을 쓰고 싶었다. 그 결과 나는 두 가지 문제를 헤쳐 나가야 했다. 하나는 노트와 녹취록에 담긴 중심 주제들을 파악하는 일이었고, 이 주제들이 결국 성찰의 네 가지 설계 원칙이 되었다.

또 하나 어려운 문제는 인터뷰 대상자의 통찰력이 담긴 수많은 의견과 배경 노트에 기록한 성찰에 대한 시각을 원고 초안에서 삭제하는 일이었다. 이렇게 해야 했던 이유는 단순히 다른 시각들이 훨씬 더 중요해 보였기 때문이다. 나는 이 책의 최종 원고에 수록된 단어보다 다섯 배나 많은 단어를 예비 초고에서 썼을 것이다.

나는 최선을 다했지만, 이 책에는 사실과 해석의 오류가 포함되어 있을 것이며, 그것들은 나의 책임이다.

감사의 말

바쁜 일정에도 시간을 내어 책의 초안을 읽고 소중한 제안을 해준 여러 친구와 동료들, 특히 샘 램, 니틴 노리아, 줄리앤 놀런, 켄 윈스턴에게 감사를 드린다. 우리 딸 마리아, 루이사, 가브리엘라가 여러 버전의 원고를 읽고 건네준 수정 사항과 제안들은 책을 완성하는 데 큰 도움이 되었다. 아내 패트리샤 오브라이언은 책의 틀을 잡는 데 중요한 조언과 여러 아이디어를 주었다. 마지막으로, 편집자 케빈 에버스와 저작권 대리인 라파엘 사갈린도 집필 과정의 각 단계에서 실질적이고 통찰력 있는 조언을 해주었다.

이 책의 바탕이 된 인터뷰에 참여한 많은 이들에게 감사한다. 언제 어떻게 성찰했는지에 대한 그들의 사려 깊고 솔직한 이야기는 내게 많은 것을 가르쳐주었고, 결국 이 책이 나올 수 있게 했다. 마지막으로, 이 책이 나오기까지 자원을 제공해준 하버드 경영대학원의 관대한 동문들에게 감사를 드린다.

주

1부

1 Pierre Hadot, *The Inner Citadel: The Meditations of Marcus Aurelius* (Cambridge MA: Harvard University Press, 2001), 313.

2 20세기 화가이자 디자인 이론가인 메이틀랜드 그레이브스(Maitland E. Graves)는 시각 및 공간 미학의 기본 원칙을 명확히 하고자 노력하는 현대의 선구자였다. 그의 획기적인 작품으로는 *The Art of Color and Design* (Columbus, OH: McGraw-Hill, 1941)이 있다.

3 Interaction Design Foundation, "Design Principles," https://www.interaction-design.org/literature/topics/design-principles.

2부

1　이 책에서 쓰인 '적당히 괜찮은'이라는 말은 정신 분석가 도널드 위니캇 (D. W. Winnicott)에 의해 처음 사용되었다. 참조: D. W. Winnicott, Lesley Caldwell, and Helen Taylor Robinson (eds.), *The Collected Works of D. W. Winnicott*, vol. 6 (Oxford: Oxford University Press, 2016), 321-324. 도널드 위 니캇의 목표는 완벽한 엄마가 아니라 충분히 좋은 엄마(good enough mother) 를 위한 것이었다. 이 문구는 나중에 아동 심리학자 브루노 베틀하임(Bruno Bettleheim)이 *A Good Enough Parent* (New York: Alfred A. Knopf, 1987)에서 사용하면서 대중화되었다.

2　수 세기 동안 많은 작가들이 이 주제에 대한 여러 버전을 표현해왔다. 볼테 르의 "완벽한 것은 선의 적이다"는 아마도 가장 유명한 말일 것이다. 이 모 든 것은 아리스토텔레스의 '중용(golden mean)'에 대한 해석으로 볼 수 있다.

3　Captain Renault to Rick, *Casablanca*, Julius and Philip Epstein, screenwriters, Hollywood CA: Hal B. Wallis Production, 1942.

4　Henry David Thoreau, *Walden and "Civil Disobedience"* (New York: Signet Classics, 2002), 74.

5　Arthur Schopenhauer, *Counsels and Maxims* (New York: Cosimo Classics, 2007), 25.

6　Anna Katharina Schaffner, *Exhaustion*: A History (New York: Columbia University Press, 2017).

7　Tony Schwartz and Christine Porath, "Why You Hate Work," *New York*

Times, May 30, 2014.

8 이러한 연구결과의 개요는 다음 참조: Anandi Mani et al., "Poverty Impedes Cognitive Function," *Science* 341, no. 6149 (August 2013): 976-980.

9 Silvia Bellezza, Neeru Paharia, and Anat Keinan, "Conspicuous Consumption of Time: When Busyness and Lack of Leisure Time Become a Status Symbol," *Journal of Consumer Research*, June 2017.

10 Daniel Halevy, *My Friend Degas* (Middletown CT: Wesleyan University Press, 1964), 119.

11 Andy Jones-Wilkinson, "Running as Reflection," Irunfar, September 20, 2013, http://www.irunfar.com/2013/09/running-as-reflection.html.

12 아우렐리우스의 책임, 육체적 한계, 그리고 그의 일에 대한 헌신에 대한 간략한 설명은 다음 참조: Marcus Aurelius, *The Emperor's Handbook: A New Translation of* The Meditations, trans. David Hicks and C. Scot Hicks,(New York: Scribner, 2002), 6-10. 아우렐리우스는 그의 생각이 종종 죽음으로 향할 정도로 끔찍한 상황에서 《명상록》을 썼다. 참조: Anthony Birley, *Marcus Aurelius* (London: Eyre & Spottiswoode, 1966), 293-299.

13 Marcus Aurelius, *Meditations*, trans. A. S. L. Farquharson (New York: Alfred A. Knopf, 1992), 48.

3부

1 고대 그리스인들 또한 사색을 소중히 여겼고, 일부 학자들은 우리가 일반
적으로 알고 있는 아리스토텔레스의 인간에 대한 정의인 '합리적인 동물'
은 잘못된 표현으로 더 나은 번역은 '사색적인 동물'이라고 말한다. 예를 들
어 한나 아렌트(Hannah Arendt)는 다음과 같이 썼다. "아리스토텔레스는 인
간을 일반적으로 정의하려거나 인간의 최고 능력을 나타내려 하지 않았다.
그에게 인간의 최고 능력은 로고스가 아니었다. 즉, 말이나 이성이 아니라
지성으로, 그 내용이 언어로 표현될 수 없다는 것이 주된 특징인 사색 능력
이었다. 참조: Hannah Arendt, *The Human Condition* (Chicago: University of
Chicago Press, 1998), 27.

2 Henry David Thoreau, *Walden and "Civil Disobedience"* (New York: New
American Library, 1960), 66.

3 Philippe Desan, *The Oxford Handbook of Montaigne* (Oxford: Oxford
University Press, 2016), p. 763.

4 참조: Antoine Lutz, John D. Dunne, and Richard J. Davidson, "Meditation
and the Neuroscience of Consciousness," in *Cambridge Handbook of
Consciousness*, ed. P. Zelazo, M. Moscovitch and E. Thompson (Cambridge:
Cambridge University Press, 2017). A similar treatment is John S. Strong,
Buddhisms: An Introduction (London: Oneworld, 2015).

5 John Lubbock, *The Use of Life* (New York: The Macmillan Company, 1900), 69.

6 디폴트 모드 네트워크와 그 의미에 관한 과학적이고도 널리 알려진 문헌

이 있다. 학술적이고 기술적인 내용이지만 이해하기 쉬운 소개는 다음 참조: Mary Helen Immordino-Yang, Joanna A. Christodoulou, and Vanessa Singh, "Rest Is Not Idleness: Implications of the Brain's Default Mode for Human Development and Education," *Perspectives on Psychological Science 7*, no. 4 (2012): 352-364.

7 Marilynne Robinson, *Gilead* (New York: Picador, 2006), 179.

8 Frank Jakubowsky, *Whitman Revisited* (Bloomington IN: WestBow Press Publishing, 2012), 10.

9 참조: Jonathan Miller, *On Reflection* (London: National Gallery of Art, 1998). 현상학은 현대 철학의 중요한 학파로 '현재의 순간'과 그것에 대한 의식의 놀라운 복잡성을 조사하고 보여주었다. 개요는 다음 참조: Shaun Gallagher and Dan Zahavi, "Phenomenological Approaches to Self-Consciousness," *The Stanford Encyclopedia of Philosophy* (Winter 2016 Edition), ed. Edward N. Zalta, https: plato.stanford.edu archives win2016 entries self-consciousness-phenomenological/.

10 Terrence Cave, *How to Read Montaigne* (London: Granta Books, 2013), 67.

11 반추에 관한 광범위한 연구의 개요는 다음 참조: Susan Nolen-Hoeksema, Blair Wisco, and Sonja Lyubomirsky, "Rethinking Rumination," *Perspectives on Psychological Science* 3, no. 5 (2008): 400-424. doi:10.111 1j.1745-6924.2008.00088.x. PMID 26158958.

12 David Johnson, *A Quaker Prayer Life* (San Francisco: Inner Light Books, 2013), 16.

13 David Lilienthal, *The Harvest Years*: 1959–1963 (New York: Harper & Row, 1964), 124.

14 Anais Nin, Mirages: *The Unexpurgated Diary of Anais Nin, 1939–1944* (Athens OH: Swallow Press, 2013), 22.

15 Anne Frank, *The Diary of a Young Girl*, trans. Susan Massotty (New York: Everyman's Library, 2010).

16 참조: Alain de Botton, *How Proust Can Change Your Life* (New York: Vintage, 1998), 45.

17 Donald Frame, *Montaigne: A Biography* (New York: Harcourt, Brace & World, 1965), p. 283.

18 참조: Edward O. Wilson, Biophilia (Cambridge MA: Harvard University Press, 1984) and Stephen R. Kellert and Edward O. Wilson, *The Biophilia Hypothesis* (Washington, DC: Shearwater, 1995).

19 Centers for Disease Control and Prevention, "Healthy Pets and Healthy People, https://www.cdc.gov/healthypets/index.html. 오늘날의 연구는 병원의 창문과 회복 시간에 대한 다양한 시각을 제공한다. Studies today provide varying perspectives on windows and recovery time in hospitals. 예를 들어, 다음 참조: Wen-Chun Chiu et al., "The Impact of Windows on the Outcomes of Medical Intensive Care Unit Patients," *International Journal of Gerontology* 12, no. 1 (March 2018): 67–70, and Cleveland Clinic, "A Room with a View: Do Hospital Window Views Affect Clinical Outcomes?," *Consult QD*, https://consultqd.clevelandclinic.org/room–

view-hospital-window-views-affect -clinical-outcomes/.

20 Joseph N. Tylenda, *A Pilgrim's Journey: The Autobiography of Ignatius of Loyola* (San Francisco: Ignatius Press, 2001), 130.

21 Gerard Manley Hopkins, "God's Grandeur," *God's Grandeur and Other Poems* (New York: Dover Publications, 1995), 15.

22 고대 로마와 그리스 철학의 한 학자는 명상이 아우렐리우스의 사고와 생활 방식의 중심이라고 상세히 주장한다. 참조: Pierre Hadot, *What Is Ancient Philosophy?* (Cambridge MA: Harvard University Press, 2002), especially pp. 176ff.

23 Marcus Aurelius Antoninus, *The Meditations of the Emperor Marcus Aurelius Antoninus*, trans. Francis Hutcheson (Carmel IN: Liberty Fund, Inc., 2007), 66.

24 James Boswell, *Life of Johnson* (Oxford: Oxford University Press, 1998), 957.

25 Michel de Montaigne, *Montaigne: Selected Essays*, trans. James B. Atkinson and David Sices, (Indianapolis: Hackett Publishing Co., 2012), 272.

26 개요는 다음 참조: Amrisha Vaish, Tobias Grossmann, and Amanda Woodward, "Not All Emotions Are Created Equal: The Negativity Bias in Social-Emotional Development," *Psychological Bulletin* 134, no 3 (2008 May): 383-403.

27 Adam Phillips, *Unforbidden Pleasures* (New York: Farrar, Straus, and Giroux, 2015), 85.

28 Aura, "A Simple Productivity Weapon by Andreessen: The Anti-To-

Do List," *Business Insider*, June 14, 2016, https://medium.com/business-
startup-development-and-more/a-simple-productivity-weapon-by-
andreessen-the-anti-to-do-list -1fee961c3b72.

29   참조: https://quoteinvestigator.com/2014/03/22/stand-there/.

30   Michel de Montaigne, *Montaigne's Selected Essays and Writings*, ed. and
trans. Donald M. Frame (New York: St Martin's Press, 1963), 447.

31   Pico Iyer, *The Art of Stillness* (New York: Simon & Schuster, 2014), 61.

4부 ——————————————————————————

1   John Keats, The *Complete Poetical Works and Letters of John Keats*, ed.
Horace Elisha Scudder (Boston and New York: Houghton Mifflin and Company,
1899), 277.

2   Daniel Kahneman, *Thinking, Fast and Slow* (New York: Farrar, Straus and
Giroux, 2011).

3   몽테뉴가 '은퇴'한 이후 자주 벌인 도전적인 활동에 대한 자세한 내용은
다음 참조: Richard Scholar, *Montaigne and the Art of Free-Thinking*
(Oxford: Peter Lang, 2010), 1-3; Donald Frame, *Montaigne: A Biography*
(New York: Harcourt, Brace & World, 1965), 130-131; and Ullrich Langer,
"Montaigne's Political and Religious Context," *The Cambridge Companion
to Montaigne* (Cambridge: Cambridge University Press, 2005).

4   Michel de Montaigne, *The Works of Montaigne*, ed. William Hazlitt (London: C. Templeman, 1845), 206.

5   Scholar, *Montaigne and the Art of Free-Thinking*, 98.

6   Hugo Friedrich, *Montaigne* (Berkeley: University of California Press, 1991), 122.

7   Donald Frame, *Selections from the Essays of Montaigne* (New York: Appleton-Century-Crofts, 1948), 18.

8   참조: Martin E. P. Seligman et al, *Homo Prospectus* (Oxford: Oxford University Press, 2016).

9   참조: Marcus Aurelius Antoninus, *The Meditations of the Emperor Marcus Aurelius Antoninus*, vol. 1, trans. and ed. A. S. L. Farquharson (Oxford: Clarendon Press, 1944), 309. 이들은 모든 일기가 무의식적이더라도 대화 상대에게 쓰는 글이라고 폭넓게 주장한다. 참조: Thomas Mallon, *A Book of One's Own: People and Their Diaries* (New York: Ticknor and Fields, 1984).

10   참조: J. Michael Sparough, Tim Hipskind, and Jim Manney, *What's Your Decision? How to Make Choices with Confidence and Clarity* (Chicago: Loyola Press, 2010), 39-41.

11   Thomas Merton, *The Inner Experience: Notes on Contemplation* (New York: HarperOne, 2003), 2.

12   Timothy D. Wilson, *Strangers to Ourselves: Discovering the Adaptive Unconscious* (Cambridge MA: Belknap Press, 2002).

13   Blaise Pascal, *Pensees and Other Writings*, trans. Honor Levi (Oxford:

Oxford University Press, 1995), 158.

14 Dennis Overbye, "Brace Yourself! Here Comes Einstein's Year," *New York Times*, January 25, 2005, https://www.nytimes.com/2005/01/25/science/brace-yourself-here-comes-einsteins-year.html.

15 Menachem Z. Rosensaft, ed., *God, Faith, and Identity from the Ashes: Reflections of Children and Grandchildren of Holocaust Survivors* (Nashville, TN: Jewish Lights Publishing, 2014).

16 Rosensaft, *God, Faith, and Identity*, 203.

17 Ratnaguna, *Art of Reflection* (Cambridge: Windhorse Publications, 2018), 68.

18 프루스트가 쓴 것으로 자주 인용되는 글 "진정한 발견의 여정은 새로운 경치를 찾는 것이 아니라 새로운 눈으로 보는 것"은 프루스트가 한 말을 압축한 것이다. 원래 프랑스어 버전의 영어 번역본 중 하나는 다음과 같다:

우주를 여행할 수 있는 다른 호흡계인 날개 한 쌍은 우리가 동일한 감각을 가지고 화성이나 금성을 간다면 결코 우리에게 도움이 되지 않을 것이다. 왜냐하면 우리가 거기서 볼 수 있는 모든 것에 지상의 사물과 똑같은 외관을 씌울 것이기 때문이다. 단 하나의 진정한 항해, 젊음의 샘으로 목욕하는 유일한 방법은, 낯선 땅을 방문하는 것이 아니라 다른 눈을 갖는 것으로, 다른 이의 눈으로 우주를 보는 것, 그들 각자가 보는 100가지의 우주, 그들 자신인 100가지의 우주를 보는 것이리라. 그리고 우리는 위대한 예술가들, 이러한 예술가들 덕분에 정말 이 별에서 저 별로 날아다닌다.

참조: Marcel Proust, *In Search of Lost Time*, vol. 5, trans. C. K. Scott Moncrief and Terence Kilmartin (New York: The Modern Library, 1993), 343.

5부

1 Thomas Carlyle, *Sartor Resartus* (Oxford: Oxford University Press, 1999), 201.

2 Adam Phillips, "Against Self-Criticism," *London Review of Books*, March 5, 2015, p. 14.

3 William Shakespeare, *The Tragical History of Hamlet, Prince of Denmark* (London: Adam & Charles Black, 1911), act 1, scene 3, 78-82.

4 '진정한 자아'라는 개념과 관련된 철학적, 개인적 도전에 대한 개요는 다음 참조: Stephen Hetherington, *Self-Knowledge* (Peterborough, Ontario: Broadview Press, 2007); and Qaassim Cassam, *Self-Knowledge for Humans* (Oxford: Oxford University Press, 2015).

5 Oscar Wilde, *The Writings of Oscar Wilde* (London: A. R. Keller & Co., Inc., 1907), 142.

6 Robert C. Solomon, *Spirituality for the Skeptic: The Thoughtful Love of Life* (Oxford: Oxford University Press, 2002), 10.

7 Marcus Aurelius, *Meditations*, trans. Gregory Hayes (New York: Modern Library, 2002), 102.

8 Martin Blumenson, *The Patton Papers* (Boston: Da Capo Press, 1996), chapter

11.

9 참조: Irmgard Mannlein-Robert, "The Meditations as a (Philosophical) Autobiography," in *A Companion to Marcus Aurelius*, ed. Marcel van Ackeren (Hoboken, NJ: Wiley-Blackwell, 2012) 369-370.

10 Mannlein-Robert, "The Meditations as a (Philosophical) Autobiography." 참조: Michael Erler, "Aspects of Orality in (the Text of) the *Meditations*," in *A Companion to Marcus Aurelius*, 346-349.

11 이것들은 몽테뉴의 함축적인 지침이 현대적으로 많이 번역된 사례로, 그 버전들은 다음 참조: https://www.brainyquote.com/authors/ michel-de-montaigne.

12 Marcus Aurelius, *The Emperor's Handbook: A New Translation of The Meditations*, trans. David Hicks and C. Scot Hicks (New York: Scribner, 2002), 4. 다음도 참조: Angelo Giavatto, "The Style of the Meditations," in *A Companion to Marcus Aurelius*, ed. Marcel van Ackeren (Hoboken, NJ: Wiley-Blackwell, 2012): 333-345.

13 Marcus Aurelius, *Meditations*, trans. Hayes, 1-6.

14 Marcus Aurelius, *The Essential Marcus Aurelius*, trans. Jacob Needleman and John P. Piazza (London: Penguin Group, 2008), 10:34.

15 Pierre Hadot, *The Inner Citadel: The Meditations of Marcus Aurelius* (Cambridge MA: Harvard University Press, 2001), p. 51.

16 Annie Dillard, *The Writing Life* (New York: HarperPerennial, 1989), p. 32.

17 Maurice Riseling, 다음에서 인용: *Spirituality for the Skeptic*, 26.

18 Karlfried Durckheim, *The Japanese Cult of Tranquility* (York Beach, ME: Samuel Weiser, 1991), 1–18.

19 Carl Sagan, *Pale Blue Dot* (New York: Ballentine Books, 1994), 6.

20 Michel de Montaigne, *The Works of Michael de Montaigne*, ed. William Hazlitt (Philadelphia: J. W. Moore, 1849), 327.

| 참고 문헌

Arendt, Hannah. *The Human Condition*. Chicago: University of Chicago Press, 1998.

Aura. "A Simple Productivity Weapon by Andreessen: The Anti-To-Do List." *Business Insider*, June 14, 2016. https://medium.com/business-startup-development-and-more/a-simple-productivity-weapon-by-andreessen-the-anti-to-do-list-1fee961c3b72.

Bakewell, Sarah. *How to Live: Or a Life of Montaigne in One Question and Twenty Attempts at an Answer*. London: Chatto and Windus, 2011.

Barth, J. Robert. "Mortal Beauty: Ignatius Loyola, Samuel Taylor Coleridge, and the Role of Imagination in Religious Experi-ence." *On Christianity and Literature* 50, no. 1 (Autumn 2000): 69-78.

Batchelor, Stephen, Christina Feldman, Akincano M. Weber, and John Peacock. "What Mindfulness Is Not." *Tricycle: The Buddhist Review*, September 17, 2018. https://tricycle.org/trikedaily/mindfulness-buddhism/.

Bellezza, Silvia, Neeru Paharia, and Anat Keinan. "Conspicuous Consumption of Time: When Busyness and Lack of Leisure Time Become a Status Symbol." *Journal of Consumer Research*, June 2017.

Birley, Anthony. *Marcus Aurelius*. London: Eyre & Spottiswoode, 1966.

Boswell, James. *Life of Johnson*. Oxford: Oxford University Press, 1998.

Blumenson, Martin. *The Patton Papers*. Boston: Da Capo Press, 1996.

de Botton, Alain. *How Proust Can Change Your Life*. New York: Vintage, 1998.

Bowler, Kate. "How Cancer Changes Hope." *New York Times*, December 28, 2018. https://www.nytimes.com/2018/12/28/opinion/sunday/resolutions-hope-cancer-god.html.

Bettleheim, Bruno. *A Good Enough Parent*. New York: Alfred A. Knopf, 1987.

Buckner, Randy L., Jessica R. Andrews-Hanna, and Daniel L. Schechter. "The Brain's Default Network: Anatomy, Function, and Relevance to Disease." *Annals of the New York Academy of Science* 1124 (2008): 1-38.

Burke, Peter. *Montaigne*. Oxford: Oxford University Press, 1981.

Carlyle, Thomas. *Sartor Resartus*. Oxford: Oxford University Press, 1999.

Cassam, Quassim. *SelfKnowledge for Humans*. Oxford: Oxford University Press, 2015.

Cave, Terrence. *How to Read Montaigne*. London: Granta Books, 2013.

Centers for Disease Control and Prevention. "Healthy Pets and Healthy People."
https://www.cdc.gov/healthypets/index.html. Chiu, Wen-Chun, Po-Shuo
Chang, Cheng-Fang Hsieh, Chien-Ming Chao, and Chih-Cheng Lai. "The
Impact of Windows on the Outcomes of Medical Intensive Care Unit
Patients." *International Journal of Gerontology* 12 (March 2018): 67-70.

Cleveland Clinic. "A Room with a View: Do Hospital Win-dow Views Affect
Clinical Outcomes?" *Consult QD*. https://consultqd.clevelandclinic.org/
room-view-hospital-window-views-affect-clinical-outcomes/.

Csikszentmihalyi, Mihaly. Flow: *The Psychology of Optimal Experience*. New
York: Harper Collins Publishers, 1991.

Curtiz, Michael, dir. *Casablanca*. 1942; Hollywood, CA: Hal B. Wallis
Production, 1942.

Desan, Philippe. *The Oxford Handbook of Montaigne*. Oxford: Ox-ford
University Press, 2016, p. 763.

Dewey, John. *How We Think*. Lexington, MA: D.C. Heath and Company, 1933.

Dillard, Annie. *The Writing Life*. New York: Harper Perennial, 1989.

Dürckheim, Karlfried. *The Japanese Cult of Tranquility*. York Beach, ME:
Samuel Weiser, Inc., 1991.

Farquharson, A. S. L. *The Meditations of the Emperor Marcus Aurelius
Antoninus*, vol. 1. Oxford: Clarendon Press, 1944. Flanigan, Owen. *The
Bodhisattva's Brain*. Cambridge, MA: MIT Press, 2011.

Fleming, David L. *What Is Ignatian Spirituality?* Chicago: Loyola Press, 2008.

Frame, Donald. *Montaigne: A Biography*. New York: Harcourt, Brace & World, 1965.

———. *Selections from the Essays of Montaigne*. New York: Appleton-Century-Crofts, 1948.

Frampton, Saul. *When I Am Playing with My Cat, How Do I Know She Is Not Playing with Me?* London: Faber and Faber Limited, 2011.

Frank, Anne. *The Diary of a Young Girl*. Translated by Susan Massotty. New York: Everyman's Library, 2010.

Friedrich, Hugo. *Montaigne*. Berkeley: University of California Press, 1991.

Gallagher, Shaun, and Dan Zahavi. "Phenomenological Ap-proaches to Self-Consciousness." In *The Stanford Encyclopedia of Philosophy*, edited by Edward N. Zalta. Winter 2016 Edi-tion. https://plato.stanford.edu/archives/win2016/entries/self-consciousness-phenomenological/

Gardner, Ryan S., and Michael K. Freeman. "'Serious Reflection' for Religious Educators." *Religious Educator* 12, no. 3 (2011): 59-81.

George, Bill. *True North: Discover Your Authentic Leadership*. San Francisco: Jossey-Bass, 2007.

Giavatto, Angelo. "The Style of *The Meditations*." In *A Companion to Marcus Aurelius*, edited by Marcel van Ackeren, 333-345. Hoboken, NJ: Wiley-Blackwell, 2012.

Graves, Maitland E. *The Art of Color and Design*. Columbus, OH: McGraw-Hill, 1941.

Guevara, Ernesto Che. *The Bolivian Diaries: Authorized Version*. Minneapolis, MN: Ocean Press, 2005.

Van Gulik, Robert. "Consciousness." In *The Stanford Encyclopedia of Philosophy*, edited by Edward N. Zalta. Winter 2016 Edition. https://plato. stanford.edu/archives/spr2018/entries/consciousness/.

Hadot, Pierre. *The Inner Citadel: The* Meditations *of Marcus Aurelius*. Cambridge, MA: Harvard University Press, 2001.

———. *What Is Ancient Philosophy?* Cambridge, MA: Harvard University Press, 2002.

Halévy, Daniel. *My Friend Degas*. Middletown, CT: Wesleyan University Press, 1964.

Hammarskjöld, Dag. *Markings.* Translated by Lief Sjoberg. New York: Vintage Books, 2007.

Hart, William. *Vipassana Meditation: The Art of Living*. Maha-rashtra, India: Vipassana Research Institute, 2014.

Hazlitt, William, ed. *The Works of Montaigne*. London: C. Tem-pleman, 1845.

Hetherington, Stephen. *SelfKnowledge*. Peterborough, Canada: Broadview Press, 2007.

Hickman, Martha Whitmore. *Healing After Loss: Daily Meditations for Working Through Grief*. New York: William Morrow Paperbacks, 1994.

Hopkins, Gerard Manley. "God's Grandeur." *God's Grandeur and Other Poems*. New York: Dover Publications, 1995.

"The Human Brain Is the Most Complex Structure in the Uni-verse."

Independent, April 2, 2014. https://www.independent.co.uk/voices/editorials/
the-human-brain-is-the-most-complex-structure-in-the-universe-let-s-do-
all-we-can-to-unravel-its-9233125.html.

Immordino-Yang, Mary Helen, Joanna A. Christodoulou, and Vanessa Singh.
"Rest Is Not Idleness: Implications of the Brain's Default Mode for Human
Development and Education." Perspectives on Psychological Science 7, no. 4
(2012): 352-364.

Interaction Design Foundation. "Design Principles." https://www.interaction-
design.org/literature/topics/design-principles.

Iyer, Pico. The Art of Stillness. New York: Simon & Schuster, 2014. Jakubowsky,
Frank. Whitman Revisited. Bloomington, IN: West-Bow Press Publishing,
2012.

Johnson, Alexandra. A Brief History of Diaries: From Pepys to Blogs. London:
Hesperus Press, 2011.

Johnson, David. A Quaker Prayer Life. San Francisco: Inner Light Books, 2013.

Jones-Wilkinson, Andy. "Running as Reflection." Irunfar, Sep-tember 20, 2013,
http://www.irunfar.com/2013/09/running-as-reflection.html.

Kahneman, Daniel. Thinking, Fast and Slow. New York: Farrar, Straus and
Giroux, 2011.

Keats, John. The Complete Poetical Works and Letters of John Keats, ed. Horace
Elisha Scudder. Boston and New York: Houghton Mifflin and Company,

1899.

Kellert, Stephen R., and Edward O. Wilson. *The Biophilia Hypothesis*.
Washington, DC: Shearwater, 1995.

Koepnick, Lutz. *On Slowness: Toward an Aesthetic of the Contemporary*. New
York: Columbia University Press, 2014.

Kohn, Edward P., ed. *A Most Glorious Ride: The Diaries of Theodore Roosevelt,
1887-1886*. Albany: State University of New York Press, 2015.

Kreiner, Jamie. "How to Reduce Digital Distractions: Advice from Medieval
Monks." *Aeon,* April 24, 2019. https://aeon.co/ideas/how-to-reduce-digital-
distractions-advice-from-medieval-monks.

Kress, Jill M. "Contesting Metaphors and the Discourse of Con-sciousness in
William James." *Journal of the History of Ideas* 61, no. 2 (April 2000): 263-283.

Langer, Ullrich. "Montaigne's Political and Religious Context." In *The
Cambridge Companion to Montaigne*. Cambridge: Cam-bridge University
Press, 2005.

Lilienthal, David. *The Harvest Years: 1959-1963*. New York: Harper & Row,
1964.

Long, Christopher R., and James R. Averill. "Solitude: An Ex-ploration of
Benefits of Being Alone." *Journal for the Theory of Social Behavior* 33, no. 1
(2003): 21-44.

Lubbock, John. *The Use of Life*. New York: The Macmillan Com-pany, 1900.

Lutz, Antoine, John D. Dunne, and Richard J. Davidson. "Meditation and the

Neuroscience of Consciousness." In *The Cambridge Handbook of Consciousness*, edited by Philip David Zelazo, Morris Moscovitch, and Evan Thompson. Cambridge: Cambridge University Press, 2017, 497-550.

Mallon, Thomas. *A Book of One's Own: People and Their Diaries*. New York: Ticknor and Fields, 1984.

Mani, Anandi, Sendil Mullainathan, Eldar Shafir, and Jiaying Zhao. "Poverty Impedes Cognitive Function." Science 341, no. 6149 (August 2013): 976-980.

Manney, Jim. *An Ignatian Book of Prayers*. Chicago: Loyola Press, 2014.

Männlein-Robert, Irmgard. "*The Meditations* as a (Philosophical) Autobiography." In *A Companion to Marcus Aurelius*, edited by Marcel van Ackeren. Hoboken, NJ: Wiley-Blackwell, 2012, 362-381.

Marcus Aurelius. *The Emperor's Handbook: A New Translation of the Meditations*. Translated by David Hicks and C. Scot Hicks. New York: Scribner, 2002.

———. *The Essential Marcus Aurelius*. Translated by Jacob Needleman and John P. Piazza. London: Penguin Group, 2008.

———. *Meditations*. Translated and edited by A. S. L. Farquhar-son. New York: Alfred A. Knopf, 1992.

———. *Meditations*. Translated by Gregory Hayes. New York: Modern Library, 2002.

Marcus Aurelius Antoninus. *The Meditations of the Emperor Marcus Aurelius Antoninus*. Translated by Francis Hutcheson. Carmel, IN: Liberty Fund, Inc.,

2007.

Matsushita, Konosuke. *My Way of Life and Thinking*. Kyoto, Japan: PHP
Institute, Inc., 2011.

McCarthy, Molly. *The Accidental Diarist: A History of the Daily Planner in
America*. Chicago: University of Chicago Press, 2013.

Meissner, William. *Ignatius of Loyola: The Psychology of a Saint*. New Haven
CT: Yale University Press, 1994.

Menary, Richard, ed. *The Extended Mind*. Cambridge MA: MIT Press, 2012.

Merton, Thomas. *The Inner Experience: Notes on Contemplation*. New York:
HarperOne, 2003.

Miller, Jonathan. *On Reflection*. London: National Gallery of Art, 1998.

Moberg, Dennis, and Martin Calkins. "Reflection in Business Ethics: Insights
from Saint Ignatius's Spiritual Exercises," *Journal of Business Ethics* 33 (2001):
257-270.

de Montaigne, Michel. *The Complete Essays*. Translated by M. A. Screech.
London: Penguin Books, 2003.

———. *Montaigne's Selected Essays and Writings*. Translated and edited by
Donald M. Frame. New York: St Martin's Press, 1963.

———. *The Works of Montaigne*. Edited by William Hazlitt. London: C.
Templeman, 1845.

Nagel, Thomas. "What Is It Like to Be a Bat?" *The Philosophical Review* 83, no.
4 (October 1974): 435-450.

Neustadt, Richard E., and Ernest R. May. *Thinking in Time: The Uses of History for DecisionMakers*. New York: Free Press, 1988.

Nielsen, Jared A., Brandon A. Zielinski, Michael A. Ferguson, Janet E. Lainhart, and Jeffrey S. Anderson. "An Evaluation of the Left-Brain vs. Right-Brain Hypothesis with Resting State Functional Connectivity Magnetic Resonance Imaging." *PlosOne* 8, no. 8 (August 14, 2013). https://journals.plos.org/plosone/article?id=10.1371/journal.pone.0071275.

Nin, Anais. *Mirages: The Unexpurgated Diary of Anaïs Nin, 1939-1944*. Athens, OH: Swallow Press, 2013.

Nolen-Hoeksema, Susan, Blair Wisco, and Sonja Lyubomirsky. "Rethinking Rumination." *Perspectives on Psychological Science* 3, no. 5 (2008): 400-424. doi:10.1111/j.1745-6924.2008.00088.x. PMID 26158958.

Neuroskeptic. "The 70,000 Thoughts Per Day Myth?" *Discover: Science for the Curious*. http://blogs.discovermagazine.com/neuroskeptic/2012/05/09/the-70000-thoughts-per-day-myth/#.

Overbye, Dennis. "Brace Yourself! Here Comes Einstein's Year." *New York Times*, January 25, 2005. https://www.nytimes.com/2005/01/25/science/brace-yourself-here-comes-einsteins-year.html.

Pang, Alex Soojung-Kim. *Rest: Why You Get More Done When You Work Less*. New York: Basic Books, 2016.

Parker-Pope, Tara. "Writing Your Way to Happiness." *New York Times*, January 19, 2015. https://well.blogs.nytimes.com/2015/01/19/writing-your-way-tohappiness/.

Pascal, Blaise. *Pensées and Other Writings*. Translated by Honor Levi. Oxford: Oxford University Press, 1995.

Phillips, Adam. "Against Self-Criticism." *London Review of Books*, March 5, 2015.

———. *Unforbidden Pleasures*. New York: Farrar, Straus and Giroux, 2015.

Popper, Karl. *Of Clouds and Clocks*. St. Louis, MO: Washington University, 1966.

Proust, Marcel. *In Search of Lost Time*, vol. 5. Translated by C. K. Scott Moncrief and Terence Kilmartin. New York: The Mod-ern Library, 1993.

Ratnaguna, *Art of Reflection*. Cambridge: Windhorse Publica-tions, 2018.

Ravier, André. *Ignatius of Loyola and the Founding of the Society of Jesus*. San Francisco: Ignatius Press, 1987.

Reiser, William. "The Spiritual Exercises in a Religiously Plu-ralistic World." *Spiritus: A Journal of Christian Spirituality* 10, no. 2 (Fall 2010).

Robinson, Marilynne. *Gilead*. New York: Picador, 2006.

Rosensaft, Menachem Z., ed. *God, Faith, and Identity from the Ashes: Reflections of Children and Grandchildren of Holocaust Survivors*. Nashville, TN: Jewish Lights Publishing, 2014.

Rutherford, R. B. *The Meditations of Marcus Aurelius: A Study*. Oxford: Clarendon Press, 1991.

Sagan, Carl. *Pale Blue Dot*. New York: Ballentine Books, 1994. Sayce, Richard A.

The Essays of Montaigne: A Critical Exploration. London: Weidenfeld and Nicolson, 1972.

Schaffner, Anna Katharina. *Exhaustion: A History*. New York: Columbia University Press, 2017.

Schissel, Lillian. *Women's Diaries of the Westward Journey.* New York: Schocken Books, 2004.

Schmitz, James H. "The Altruist." *Galaxy Science Fiction*, September 1952.

Scholar, Richard. *Montaigne and the Art of Free Thinking*. Oxford: Peter Lang, 2010.

Schopenhauer, Arthur. *Counsels and Maxims*. Translated by T. Bailey Saunders. New York: Cosimo Classics, 2007.

———. *Essays of Arthur Schopenhauer*. Translated by T. Bailey Saunders. New York: A. L. Burt Company, 1902.

Schwartz, Tony and Christine Porath. "Why You Hate Work." *New York Times*, May 30, 2014. https://www.nytimes.com/2014/06/01/opinion/sunday/why-you-hate-work.html.

Seligman, Martin E. P., Peter Railton, Roy F. Baumeister, and Chandra Sripada. *Homo Prospectus*. Oxford: Oxford University Press, 2016.

Shakespeare, William. *The Tragical History of Hamlet, Prince of Denmark.* London: Adam & Charles Black, 1911.

Sharf, Robert H. "Is Mindfulness Buddhist? (and Why It Matters)." *Transcultural Psychiatry* 52, no. 4 (2015): 470-484. Sedikides, Constantine, Rosie Meek,

Mark D. Alicke, and Sarah Taylor. "Behind Bars but Above the Bar: Prisoners Consider Themselves More Prosocial Than Non-Prisoners." *British Journal of Social Psychology* 53, no. 2 (December 2013): 396-403.

Solomon, Robert C. *Spirituality for the Skeptic: The Thoughtful Love of Life*. Oxford, England: Oxford University Press, 2002.

Smith, David Woodruff. "Phenomenology." In *The Stanford Encyclopedia of Philosophy*, edited by Edward N. Zalta. Winter 2016 Edition. https://plato.stanford.edu/archives/sum2018/entries/phenomenology/.

Sparough, J. Michael, Tim Hipskind, and Jim Manney. *What's Your Decision? How to Make Choices with Confidence and Clarity*. Chicago: Loyola Press, 2010.

Stoljar, Natalie. "Feminist Perspectives on Autonomy." In *The Stanford Encyclopedia of Philosophy*, edited by Edward N. Zalta. Winter 2016 Edition. https://plato.stanford.edu/archives/win2018/entries/feminism-autonomy/.

Strong, John S. *Buddhisms: An Introduction*. London: Oneworld, 2015.

Taylor, Alan, and Irene Taylor, eds. *The Assassin's Cloak: An Anthology of the World's Greatest Diarists*. Edinburgh: Canongate Books, 2011.

Taylor, Charles. *The Ethics of Authenticity*. Cambridge, MA: Har-vard University Press, 2018.

Thich Thien-an. *Zen Philosophy, Zen Action*. Cazadero, CA: Dharma Publishing, 1975.

Thoreau, Henry David. *Walden and "Civil Disobedience"*. New York: The New American Library, 1960.

Traub, George W. "Six Characteristics of Ignatian Spirituality." *Ignatian Spirituality.com*. http://www.ignatianspirituality.com/what-is-ignatian-spirituality/six-characteristics-of-ignatian-spirituality.

Treanor, Brian, and Brendan Sweetman. "Gabriel (-Honoré) Marcel." In *The Stanford Encyclopedia of Philosophy*, edited by Edward N. Zalta. Winter 2016 Edition. https://plato.stanford.edu/archives/win2016/entries/marcel/.

Tylenda, Joseph N. *A Pilgrim's Journey: The Autobiography of Ignatius of Loyola*. San Francisco: Ignatius Press, 2001.

Vaish, Amrisha, Tobias Grossmann, and Amanda Woodward. "Not All Emotions Are Created Equal: The Negativity Bias in Social-Emotional Development." *Psychology Bulletin* 134, no. 3 (May 2008): 383-403.

Wallace, B. Alan. *Mind in the Balance: Meditation in Science, Buddhism, and Christianity*. New York: Columbia University Press, 2007.

"What Is Ignatian Spirituality?" Ignatian Spirituality.com. http://www.ignatianspirituality.com/what-is-ignatian-spirituality/. "What Mindfulness Is Not." *Tricycle: The Buddhist Review*, Sep-tember 17, 2018, https://tricycle.org/trikedaily/mindfulness-buddhism/.

Wikipedia. "Christian Contemplation," last edited on 15 Janu-ary 2020, at 06:01. https://en.wikipedia.org/wiki/Christian_contemplation.

Wilde, Oscar. *The Writings of Oscar Wilde*. London: A. R. Keller & Co., Inc.,

1907.

Wilson, Edward O. *Biophilia*. Cambridge, MA: Harvard Univer-sity Press, 1984.

Wilson, Timothy D. Redirect: *Changing the Stories We Live By*. New York: Little, Brown and Company, 2011.

———. *Strangers to Ourselves: Discovering the Adaptive Unconscious*. Cambridge, MA: Belknap Press, 2002.

Winnicott, D. W., Lesley Caldwell, and Helen Taylor Robinson, eds. *The Collected Works of D. W. Winnicott*, vol. 6. Oxford: Oxford University Press, 2016.

Wright, Robert. *Why Buddhism Is True: The Science and Philosophy of Meditation and Enlightenment*. New York Simon and Schuster, 2018.

옮긴이 박진서

한국외국어대학교 독어과를 졸업하고 전문 번역가로 활동하며, 좋은 외국 도서를 찾아 소개하는 일도 하고 있다. 옮긴 책으로 《조 바이든, 지켜야 할 약속》, 《당신이 알고 싶은 음성인식 AI의 미래》, 《로마, 약탈과 패배로 쓴 역사》, 《1984》, 《오셀로》 등이 있다.

스텝 백

1판 1쇄 발행 2021년 8월 23일

지은이 조지프 L. 바다라코
옮긴이 박진서
발행인 오영진 김진갑
발행처 토네이도미디어그룹(주)

책임편집 박민희
기획편집 박수진 진송이 박은화
디자인팀 안윤민 김현주
마케팅팀 박시현 박준서 김예은
경영지원 이혜선 임지우

출판등록 2006년 1월 11일 제313-2006-15호
주소 서울시 마포구 월드컵북로5가길 12 서교빌딩 2층
독자 문의 midnightbookstore@naver.com
전화 02-332-3310 팩스 02-332-7741
블로그 blog.naver.com/midnightbookstore
페이스북 www.facebook.com/tornadobook

ISBN 979-11-5851-223-1 03320